NATURTRÜB
Fruchtsaftlimonade
EVP 0,30 DM
(K) GREIFSWALDER BRAUEREI
TGL 6801
ELN 178 61 200
HSL 1961 200
OPAL
ZITRONEN-ORANGEN-FRUCHTSAFTLIMONADE
0,33 l
EVP 0,30 M
VEB BRAUEREI EIBAU
DÖHLEN-FREITAL
TGL 6801
Schl.-Nr. 178 61 200
Fruchtsaft-Limonade
MIT KOHLENSÄUREZUSATZ
NATURTRÜB
BRÄU GECIUS & KÖNIG KG
HALLESCHE STR. 32
EVP 0,30
Fruchtsaft-Limonade
ORANCIA
Mit Kohlensäure imprägniert
EVP M-,35
0,33 l
BRAUEREIEN PÖSSNECK
BRAUEREI GREIZ
Schl.-Nr. EL 178 61 100
CHTSAFT
TRÄNK
NATURTRÜB
EI WITTENBERGE
0,35 MDN
Aus Zitrus- oder heimischen Säften
Mit CO2 imprägniert
10 kg/hl Zucker
Sternburg
Fruchtsaftgetränk
Kühl lagern - Naturtr.
EVP -,35 MDN
U. MALZKOMBINAT STERNBURG LÜTZSCHENA-LEIPZIG
VEB Grüneberger
NATURTRÜB
CAPRI
FRUCHTSAFTGETRÄNK
mit Kohlensäure
0,33 l
EVP 0,35 M
Erfrischungsgetränk
von Farbstoffen
hergestellt aus den Bestandteilen der Zitrone u. mit natürlicher Kohlensäure versetztem, keimfreien Wasser.
aufzubewahren
Coffeinhaltige Limonade
ASCO COLA
Cola
mit Vitamin C und 8,5 kg/hl Zucker
HSL 1961300
-.33 l
EVP -.35 M
THÜRINGER EXPORTBIERBRAUEREI
WILHELM KLUGE KG NEUSTADT/ORLA
NATURTRÜB
FRUCHTSAFT-LIMONADE
ORANGE
EVP 0,30 M
THÜRINGER EXPORT-BIERBRAUEREI
WILHELM KLUGE KG NEUSTADT/ORLA
KOFFEINFREIES KOLAGETRÄNK
Cola-Hit
HSL 1961620 135 kJ/100 ml
VEB Brauhaus Mühlhausen
im VEB Getränkekombinat Erfurt 0,33 l
M 0,45
SCHLÜSSEL-NR. EL 178 62 400
TGL 6801
Selters
EVP -,12 M
0,33 L
SELTERSWASSER
MÜNCH-BRÄU EIBAU
Selters
EVP -,12 M

DDR
Getränkebuch

Text: Barbara und Hans Otzen

Gesamtherstellung: Komet Verlag GmbH, Köln

Satz und Gestaltung: Haimel · satz & mehr, Wesseling

ISBN 10: 3-89836-537-9

ISBN 13: 978-3-89836-537-6

www.komet-verlag.de

Bildnachweis:

Wir danken allen Firmen, Agenturen, Institutionen und Privatpersonen herzlich, die mit Text- und Bildmaterial zum Gelingen dieses Buches beigetragen haben. Auch den Autoren und allen Kollegen, Freunden und Bekannten, die Erinnerungsstücke, Sammlungen und Fotoalben zur Verfügung gestellt haben, sei hier ausdrücklich gedankt.

Dr. Hugh Joe Amour, Unna: S. 137, 141, 146, 148, 151; *dpa, Frankfurt:* S. 6 (4), 8, 10 (5), 12 oben, 13 unten, 14 oben, 15 unten, 16 oben links, 19, 22 (2), 25, 26, 29 (2), 30 unten, 31 (2), 38, 39, 44, 45, 46, 72 unten, 74, 79 unten links, 107, 108, 113, 114-115, 143, 160 (2), 163, 165, 166 (2), 167, 168, 190, 196 (3), 198, 199, 200, 203, 204; *Lutz Dünisch:* S. 30, 160, 190; *Christian Griesche, Meckenheim:* S. 23, 24; *INTERFOTO, München:* S. 15 oben, 16 (3), 18, 20, 21, 23, 27, 28, 32, 72 oben, 75 unten, 104 oben Mitte, 129, 160 (3), 196, 202; *Steffi Horn:* S. 16, 201; *Klosterbrauerei Neuzelle GmbH:* S. 12, 132, 135, 137, 144-145; *Klosterbrauerei Walkenried:* S. 110; *Köstritzer Schwarzbierbrauerei, Bad Köstritz:* S. 13, 132, 133, 134, 140-141, 190, 207; *Krostitzer Brauerei GmbH:* S. 21, S. 135, 207; *Gabi Larisch:* S. 6; *Nordbrand Nordhausen Kornbrennerei und Spirituosenfabrik:* S. 80 oben, 81, 82, 125; *Obstgenossenschaft Fahner Obst:* S. 104 unten links, 112; *Arlett Plantikow:* S. 72; *Radeberger Exportbierbrauerei:* 133, 138, 139; *Röstfein Kaffee GmbH, Magdeburg:* S. 47, 205; *Rotkäppchen-Mumm-Sektkellerei:* 169, 173, 176, 206; *Schierker Feuerstein KG:* S. 111; *Schilkin GmbH und Co KG BERLIN:* S. 73 oben, 75 oben, 76-77, 78 oben, 80 unten, 82 unten rechts, 83 unten rechts; *Sternquell Brauerei GmbH, Plauen:* S. 136, 142, 153; *H.-J. Teich:* 72

Alle übrigen Abbildungen: TLC-Fotostudio (Rezeptfotografie), MEV und Verlagsarchiv

Barbara und Hans Otzen

DDR Getränkebuch

KOMET

ACHTUNG!
Sie verlassen jetzt
WEST-BERLIN

Hefe-
Nährsalz
für die Obst- und Beerenweinbereitung
im Haushalt.
Beschleunigt die Gärung
VEB Pektinwerk Gotha

TROCK
Inhalt: 3 g
HSL-Nr. 1952

Aperitif:

Havannapunsch von DDR-Fernsehkoch Kurt Drummer

Gab es auch selten Versorgungsengpässe an Grundnahrungsmitteln, so waren alle „besonderen" Produkte meist nur zu bestimmten Zeiten, und auch nicht überall gleichermaßen, erhältlich. Oft standen DDR-Bürger vor leeren Auslagen oder leeren Regalen.

Havannapunsch von DDR-Fernsehkoch Kurt Drummer

Das Problem der DDR bestand nicht darin, ihre Bevölkerung ausreichend mit Lebensmitteln zu versorgen, sondern darin, ein attraktives Angebot an Nahrungsmitteln und Getränken parat zu halten. Es waren immer genügend Milch, Fleisch, Obst und Gemüse, Brot und Backwaren, Mehl, Zucker und Süßwaren, Mineralwasser, Bier, Likör oder Schnaps vorhanden. Es gab aber die edleren Fleischteilstücke nicht immer – und wenn, dann nur als „Bückware" unter dem Ladentisch. An Obst gab es Äpfel, aber seltener Apfelsinen und ganz selten Bananen. Das Gemüsesortiment konzentrierte sich auf verschiedene Kohlsorten. Und wer gerne ein Radeberger Pils trinken wollte, musste schon Glück haben, davon ein paar Flaschen zu ergattern. Und so bestand auch die Aufgabe von Fernsehkoch Kurt Drummer nicht nur darin, aus dem allgemeinen Warenangebot angemessene Speisen zu präsentieren, sondern er musste neben diesen „allgemeinen" Rezepten auch solche vorstellen, die sich aus der aktuellen Versorgungslage in der DDR ergaben und auch ansonsten in das „fortschrittliche" Konzept des Landes passten – denn es gab durchaus auch eklatante Überversorgung mit Produkten, die als Ladenhüter ein dauerhaftes Leben in den Regalen führten, und an den Mann gebracht werden mussten. Dies galt vor allem für Konserven, die wegen ihres berühmt-berüchtigten Geschmacks von der Bevölkerung gemieden wurden. Und so kam es vor, dass Fernsehkoch Drummer auf einmal mit Fischkonserven kochte oder als Beilage Rotkohl aus der Dose empfahl. Es versteht sich zudem, dass seine internationalen Gerichte eher aus dem östlichen Kulturkreis stammten – da gab es Gulasch, Pilsener Eierhappen, Hefeklöße aus Brno (Brünn), Kaukasisches Schaschlik, Chinakohl „bulgarisch", dann aber auch ein Schwedisches Apfeldessert (die DDR pflegte gute Beziehungen zur Stockholmer Regierung und die DDR-Oberen fuhren ja auch Volvo-Limousinen) und natürlich viele Rezepte aus der Dritten Welt, so den indischen Pfefferfisch (aus Dosen-Heringen) oder etwa das Pfirsich-Sandwich „Havanna". Überhaupt musste Castros Kuba für alles Exotische herhalten, denn die reizvollsten Regionen in der Karibik galten als anglo-amerikanisch unterwandert. Doch der „Havannapunsch" konnte als Musterbeispiel eines antiimperialistischen Mixgetränkes gelten, für das man noch nicht einmal das englische Wort „Cocktail" benutzen musste, und für das es genügend Rum oder Weinbrand heimischer Produktion und die Zitrusfrüchte aus dem sozialistisch unbedenklichen Kuba gab!

Havannapunsch

Zutaten

2 Nelken
1 Messerspitze Zimt
1 l starker Teeaufguss
1 Flasche Rotwein
1/4 l Rum oder Weinbrand
300 g Zucker
2 Zitronen

Zubereitung

1 Den mit Nelken und Zimt zubereiteten Teeaufguss abseihen und mit dem Rotwein, Rum, Zucker und dem Saft einer Zitrone erhitzen.

2 Die restliche Zitrone in Scheiben schneiden und diese in Punschgläser legen.

3 Den heißen Punsch in die Gläser gießen und bei Bedarf nachsüßen.

BANANEN
AM FREITAG
ABGABE
PRO BÜRGER
500 GR.

Hirschblut
MEHRFRUCHT-TISCHWEIN
Liegend und kühl aufbewahren
VEB KELTEREI NEUGREUSSNIG
7301 DÖBELN 3
Inh. 0,7 Liter
EVP 2,75 M

Ostalgie

Der Ostladen – Erfolgskonzept mit Erinnerungsfaktor

Ostprodukte im Kommen

Jahrzehntelang mussten sich die DDR-Bürger mit der westlichen Traumwelt im Fernsehen begnügen. An Westprodukte war nur mit Westgeld – oder mit Westverwandten – heranzukommen, und Ostprodukte mit Westniveau gab es nur zu horrenden Preisen im Delikat-Laden. Originäre Ostprodukte waren zwar reichlich im Angebot, aber oftmals von so mäßiger Qualität, dass sie keiner wollte, und wenn sie gut waren, waren sie knapp und wurden unter dem Ladentisch als Bückware verkauft. Und dann fiel auf einmal die Mauer und die Ossis stürmten die Westläden. Ostprodukte versauerten von nun an im Ladenregal. Und dann

verschwanden sie ganz aus den Geschäften, weil mit der Wiedervereinigung Westprodukte den Ostmarkt erobert und Westfirmen auch weitgehend die Ost-Produktionsstätten von Lebensmitteln und Getränken übernommen hatten. Von nun an wurde auf „Westniveau“ produziert.

Man darf nicht vergessen – seit der deutschen Einheit sind fast 800 Milliarden DM in neue Anlagen in Ostdeutschland investiert worden. In vielen Industriezweigen hat sich dies längst ausgezahlt und Branchen wie die Mikroelektronik in Dresden und Jena, oder der Maschinenbau in Chemnitz haben wieder Anschluss an die Welt gefunden, Erzeugnisse von ZMD, Jenoptik, Union und Heckert sind international wieder gefragt. Das gleiche gilt für Erzeugnisse der Ost-Konsumgüterindustrie.

Ex und hopp – die weniger heiß geliebten genauso wie auch die heiß geliebten Ostprodukte waren nach der Wende nicht nur aus dem Regal, sondern auch aus dem Gedächtnis der Menschen in den Neuen Bundesländernverschwunden. Doch ein paar Produkte waren im Hinterkopf haften geblieben, neben Lebensmitteln wie den Kathi-Backmischungen und dem Nutella ähnlichen Brotaufstrich Nudossi waren es vor allem Getränke wie der Rotkäppchen-Sekt, Radeberger Bier, Nordhäuser Korn und auch Vita-Cola – wo doch gerade Cola als höchste Errungenschaft des imperialistischen Westens galt!

Östlich – köstlich

Längst ist die DDR wieder aktuell. Nicht nur in Fernseh-Shows, sondern auch im Supermarkt. Angestoßen vom Film „Good bye Lenin“ von Wolfgang Becker, der die DDR wiederauferstehen ließ, erlebte das Thema im Fernsehen eine Renaissance ohnegleichen, so im öffentlich-rechtlichen ZDF mit der „Ostalgie-Show“, im MDR „Ein Kessel DDR“, und bei den Privaten in Sat.1 mit „Die ultimative Ost-Show“ und bei RTL mit der „DDR-Show“. Ost-Produkte finden auch im Westen immer mehr Freunde, so vor allem die Produkte, die sich aus DDR-Zeiten in die Marktwirtschaft hinüber retten konnten wie im Non-Food-Bereich etwa die alten Ostzigaretten „F6“ oder „Club“-Filterzigaretten, auch Sprachlos-Zigarillos oder das Waschmittel „Spee“, und im Nahrungsmittel- und Getränkebereich natürlich der traditionsreiche Nordhäuser Doppelkorn, Halloren-Kugeln, Spreewald-Gurken oder etwa Komet-Grießbrei. Essen und Trinken hält eben Leib und Seele zusammen. Und wie wichtig die Nahrung für die

Seele ist, zeigt dieser neue Trend, der ehemals belächelte „Zonenprodukte“ zu begehrter Ostkost werden lässt, und das nicht nur in den neuen Bundesländern.

Für viele Bürger aus der ehemaligen DDR verbindet sich mit dem Kauf der „neuen“ Ostprodukte die Erinnerung an die Heimat, an die Kindheit und Jugend. Frei nach dem Motto: „Man hat ja schließlich auch schöne Stunden in der DDR verlebt“, holt man sich mit den Nostalgie-Produkten ein Stück Vergangenheit zurück – ein Biss in die „Schlagersüß-Schokoladentafel“ vermittelt ein Ge-

Gutes bleibt: Bekannte und beliebte Ostprodukte haben die Wende überlebt

fühl von Vorwende, der Geschmack weckt Erinnerungen.

Viele Firmen profitieren schon von der Ostalgie-Welle. Für die Wirtschaft ist es immer gut, wenn der Bekanntheitsgrad ihrer Produktmarken wächst. Wobei die Marktforschung allerdings auch feststellt, dass es sich bei dieser Entwicklung nicht nur um ein Rückbesinnen auf „bessere" DDR-Zeiten mit ihrer sozialistischen Güterwelt handelt, sondern auch um den Trend, dass die Menschen in Zeiten der Globalisierung nach regionalen Wurzeln suchen. Dies ist übrigens eine Entwicklung, die sich genauso unter den Bürgern der Alten Bundesländer manifestiert, denn diese sind zumindest tendenziell in gleicher Weise von den Auswirkungen der Globalisierung betroffen. Wichtig ist aber auch, dass die zu DDR-Zeiten begehrten Waren über einen „positiven Markenkern"

verfügen, wie dies die Marktforschung ausdrückt, was sie für die Zukunft beständiger macht als herkunftsneutrale Produkte. Der so genannte „Ost-Nimbus" ist es, der solche Produkte auch im Westen interessant macht. Aber dazu muss auch die Qualität stimmen. Die gibt der Handel vor, und die wird längst auch im Osten erreicht – nicht nur, weil Westbetriebe seither das Sagen haben. Auch die eigentlichen Ostbetriebe haben diesen Qualitätssprung vollzogen. Der Ost-Nimbus alleine reicht nämlich nicht. Die Qualität aus dem Osten ist inzwischen so gut, dass beispielsweise der Ost-Vorzeigebetrieb Kathi in einzelnen seiner Produktsegmente auch schon gesamtdeutsche Marktführerschaft gewonnen hat.

„Ostpakete"

Wer noch Schwierigkeiten hat, die „neuen" Ostprodukte im Supermarkt zu finden, kann auf Online-Shops zurückgreifen. Inzwischen gibt es annähernd ein Dutzend solcher Versandhändler, die sich ganz auf den Vertrieb von Ostprodukten aller Art spezialisiert haben. Gab es früher die begehrten „Westpakete", so sind jetzt „Ostpakete" im Kommen!

Dennoch: Insgesamt gesehen wird immer noch ein verschwindend kleiner Teil des herkömmlichen Supermarkt-Sortiments im Osten hergestellt. Dabei ist eingerechnet, dass in

Ostdeutschland erheblich mehr Ostprodukte in den Regalen stehen als im Westen, denn im Osten erfreuen sich die Ostprodukte wieder reger Nachfrage, nur auf dem Weg in den Westen haben sie es immer noch schwer. Gerade die mittelständischen Unternehmen in den Neuen Bundesländern haben eine zu geringe Kapitaldecke, um angemessene Etats für Werbung und für die Listung bei den großen Handelsketten aufbringen zu können. Zunächst musste nämlich erst einmal in die neue Qualität investiert werden – und diesen Weg haben die Betriebe in den Neuen Bundesländern erfolgreich beschritten!

DER
OZIALISMU
SIEGT

FRIEDRICHSHAIN

DDR Getränke-story

In der DDR wurde gerne und ausgiebig gefeiert.

Die DDR Getränkestory

Die Getränkeproduktion der DDR war von Anfang an eingebunden in die gesamtwirtschaftliche Entwicklung des Landes und hat bis zur gesamtdeutschen Wiedervereinigung 1989 eine andere Entwicklung genommen als die Westdeutschlands. Doch zunächst war die Situation nach der deutschen Kapitulation am 8. Mai 1945 in allen vier deutschen Besatzungszonen vergleichbar.

Aller Anfang ist gleich

Zerstörte Industrieanlagen, zerstörte Verkehrswege, zerstörte Häuser kennzeichneten das Erscheinungsbild aller deutschen Landesteile nach dem Zweiten Weltkrieg. Die Gemeinsamkeiten der Verwaltungen in den Besatzungszonen waren von kurzer Dauer, eigentlich auch wohl nicht gewollt. Die Umformung der Sowjetischen Besatzungszone in ein planwirtschaftliches sozialistisches Staatsgebilde mit vergesellschaftetem Produktionsvermögen begann unmittelbar 1945 mit einer landwirtschaftlichen Reform, in deren Verlauf alle Landwirtschaftsbetriebe mit über 100 Hektar Fläche enteignet und an landlose Bauern sowie Flüchtlinge aus dem Osten verteilt wurden. Die Verstaatlichung der Industrie und die Umfunktionierung der Betriebe in „Volkseigene Betriebe“ (VEB) erfolgte in den Jahren 1945 bis 1948. Schon in den 50er Jahren begann die flächendeckende Kollektivierung der Landwirtschaft, in deren Verlauf die Landwirtschaftsflächen zu „Landwirtschaftlichen Produktionsgenossenschaften“ (LPG) zusammengefasst wurden.

Doch der Aufbau des Sozialismus forderte von den Bürgern der DDR zu viel – viele wanderten in den Westen ab. Die Entwicklung gipfelte im Volksaufstand vom 17. Juli 1953. In den 60er Jahren führten dann einige wirtschaftliche Reformen in der DDR durchaus zu Produktionssteigerungen. So wurden z. B. den Volkseigenen Betrieben eine größere Selbständigkeit bei Kreditbeschaffung, Absatzaktivitäten und Absatzgestaltung eingeräumt. Der Lebensstandard stieg, der Abstand zur Bundesrepublik blieb aber bestehen.

Junkerland in Bauernhand

Landarbeit als Herausforderung

Im September 1945 erließen die Provinzen und Länder in der Sowjetischen Besatzungszone Verordnungen zur Enteignung allen landwirtschaftlichen Grundbesitzes mit einer Fläche von über 100 Hektar mit dem Ziel der „Liquidierung des feudalen und junkerlichen Grundbesitzes“. So fielen über 3 Millionen Hektar Fläche an die Öffentliche Hand, von denen 2,1 Millionen Hektar in Parzellen zu bis zu je 5 Hektar an annähernd 550.000 Bewerber verteilt wurden.

Bei diesen „Neubauern“ handelte es sich größtenteils um frühere Landarbeiter, Flüchtlinge und Industriearbeiter – sie besaßen von nun an Zwergparzellen, auf denen kaum wirtschaftlich gearbeitet werden konnte. Zudem erhielten die Neubauern die Flächen nicht als Eigentum, sondern nur zur Nutzung. Bei Aufgabe, Untätigkeit oder sonstigem „pflichtwidrigem“ Verhalten fielen die Flächen an die Öffentliche Hand zurück.

Kollektivierung der Landwirtschaft

Schon wenige Jahre nach der Bodenreform änderte die DDR-Staatsführung ihre Haltung zur Landwirtschaftsfrage. Auf ihrer 2. Parteikonferenz im Jahre 1952 beschloss die SED, in der DDR den Sozialismus aufzubauen. Daraus resultierte der Wille der Staatsführung, die gesamte Landwirtschaft der DDR zu kollektivieren. Noch im selben Jahr gründete in Thüringen die Gemeinde Merxleben die erste Landwirtschaftliche Produktionsgenossenschaft (LPG).

Propaganda für die Planwirtschaft

Für die mit zu wenig Land versehenen „Neubauern“ bot die Einbindung in eine LPG offensichtliche Vorteile. Doch trotz aller Vergünstigungen für die Produktionsgenossenschaften, trotz Urlaubsregelung, Rentenversicherung und Krankengeld für die Mitglieder ging die Kollektivierung in der Landwirtschaft nur schleppend voran. Als 1958 immer noch zwei Drittel der landwirtschaftlichen Nutzflächen privat bewirtschaftet wurden, beschloss die SED auf dem 5. Parteitag, dass die „sozialistische Entwicklung auf dem Lande“ beschleunigt werden müsse. Erklärtes Ziel war es, die Lebensmittelproduktion der Bundesrepublik zu übertreffen.

Im Sommer 1959 verabschiedete die Volkskammer ein Gesetz, das die Landwirte verpflichtete, in die LPG einzutreten. Agitationstrupps werden in die Dörfer geschickt, um Überzeugungsarbeit zu leisten. Der „Klassenkampf auf dem Lande“ verschärfte sich im Frühjahr 1960. Zahlreiche Bauern verließen ihre Höfe und flohen in den Westen. Und so fielen innerhalb von nur drei Monaten 2,5 Millionen Hektar Land an die Landwirtschaftlichen Produktionsgenossenschaften, fast soviel wie in den sieben Jahren zuvor.

Anfang März 1960 wurde die letzte Phase der Kollektivierung eingeleitet – und wieder zogen Agitatoren über die Dörfer. Während dieses so genannten „sozialistischen Frühlings auf dem Lande“ wuchs die Zahl der LPG-Mitglieder innerhalb weniger Wochen um rund eine halbe Million. Seit dem Sommer 1952 waren knapp 20.000 Landwirtschaftliche Produktionsgenossenschaften gegründet worden. In nur acht Jahren wurden aus einer Million Bauern und Landarbeitern Genossenschaftsbauern.

Volkseigene Betriebe und Kombinate

In den 60er und 70er Jahren erfolgte dann die Zusammenfassung der Volkseigenen Betriebe zu Kombinaten. Dieser Vorgang vollzog sich auch in der Getränkeindustrie. Dabei wurden neben Brauereien auch andere Betriebe der Gärungs- und Getränkeindustrie in den Getränkekombinaten zusammengefasst, zum Beispiel Mineralwasserfabriken, Spirituosenfabriken, Abfüllbetriebe, Mälzereien und andere – insgesamt waren es fünfzehn Kombinate, in jedem DDR-Bezirk gab es ein Kombinat.

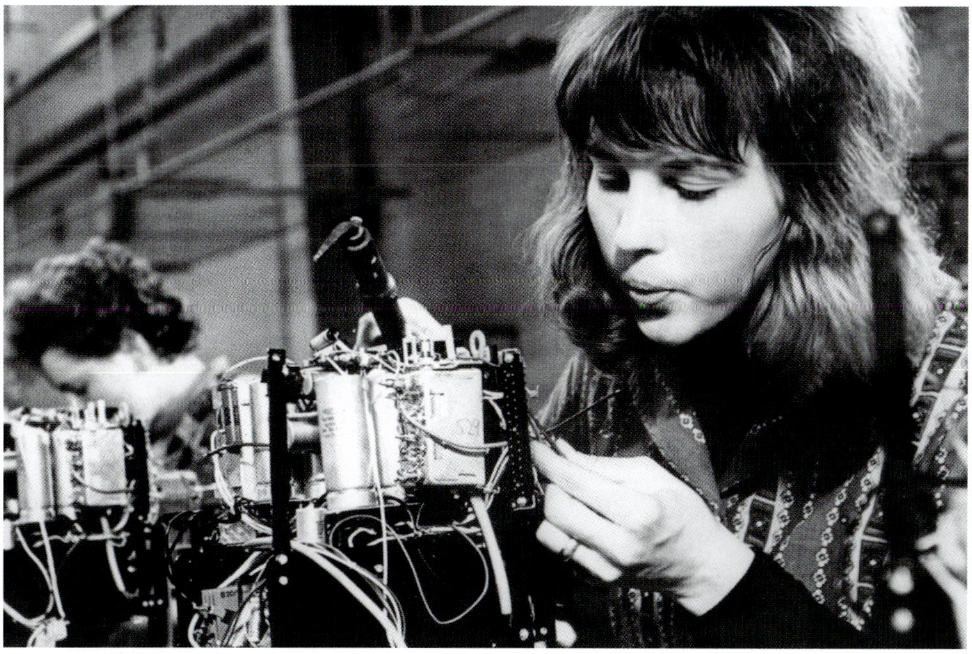

Liste der Getränkekombinate der DDR

(Bei jedem Getränkekombinat steht an erster Stelle dessen Stammbetrieb)

VEB Getränkekombinat Berlin

VEB Getränkekombinat Cottbus

VEB Getränkekombinat Dessau

VEB Getränkekombinat Dresden

VEB Getränkekombinat Erfurt

VEB Getränkekombinat Frankfurt/Oder

VEB Getränkekombinat Gera

VEB Getränkekombinat Karl-Marx-Stadt

VEB Getränkekombinat Leipzig

VEB Getränkekombinat Magdeburg

VEB Getränkekombinat Rennsteig-Meiningen

VEB Getränkekombinat Neubrandenburg

VEB Getränkekombinat Potsdam

VEB Getränkekombinat Hanseat Rostock

VEB Getränkekombinat Schwerin

Konsum und HO – der verwaltete Engpass

Waschmittel aus DDR-Produktion: Spee und Fewa

So wie die DDR-Staatsführung grundsätzlich in das Produktionsgeschehen des Landes durch Verstaatlichung und Konzentration in Kombinate eingegriffen hatte, genauso veränderte sie die Absatzstruktur von Waren aller Art. Diese Umstrukturierung begann schon 1945, als die sowjetische Militäradministration die Vorkriegskonsumgenossenschaften, die in der Nazizeit weitgehend abgeschafft worden waren, wieder belebte. Die ihnen angeschlossenen Handelsunternehmen „Konsument" entwickelten sich zu einem der beiden zentralen Standbeine des Verkaufs vor allem von Lebensmitteln und Getränken in der DDR. Die Mitglieder erhielten für ihren Einkauf in den Konsumverkaufsstellen so genannte Umsatzwertmarken, die in Hefte eingeklebt und eingereicht wurden – so bekamen die Mitglieder drei Prozent Rabatt auf ihre Einkäufe. 200 solcher Konsumgenossenschaften mit 4,6 Millionen Mitgliedern gab es am Ende der DDR, eine ganze Reihe davon hat den Übergang nach der Wende sogar geschafft. Unterschwelliges Ziel des DDR-Konsum war es, besser als die staatliche Handelsorganisation, das zweite Bein der Produktversorgung in der DDR, zu sein – als ländlicher ausgerichtete Organisation wollte man dies vor allem bei der Versorgung mit Frischobst und Gemüse sein, was angesichts der Tatsache, dass der Konsum keine

Ein Schild mit Seltenheitswert in der DDR

staatliche Unterstützung erhielt, nur selten gelang.

Für die staatlichen Verkaufsstellen wurde im Laufe der DDR-Zeit nur der Begriff „HO“ (= Handelsorganisation) verwandt. Die Organisation wurde 1948 gegründet, die ersten Geschäfte 1949 eröffnet, die zunächst Waren ohne Lebensmittelkarten zu überhöhten Preisen verkauften – so z.B. eine Bockwurst für 5 Mark bei Monatslöhnen von 200–300 Mark! Mit der Verbesserung der wirtschaftlichen Lage wurden die HO-Preise schrittweise gesenkt. Bei der späteren Abschaffung der Lebensmittelkarten wurden die Preise für Lebensmittel und Getränke, die frei verkäuflich waren, den Preisen angeglichen, die man für Waren zahlen musste, die zuvor nur auf Lebensmittelkarten erhältlich waren. Viele Privatläden wurden von der HO übernommen, größere Geschäfte und Warenhäuser gehörten entweder Konsum oder HO. Kleine Geschäfte und Gaststätten gaben ebenfalls meist auf, nur noch Bäcker, Fleischer und kleine Geschäfte für Textilien oder auch Industriewaren blieben privat.

Eine ungleich bessere Versorgung genossen jene Bevölkerungskreise, die der DDR-Staatsführung nahe standen – für sie gab es das System der Sonderversorgung: In größeren Betrieben und Behörden wurden Verkaufsstellen von HO oder Konsum eingerichtet, die besser sortiert waren. Ganz besonders gut hatten es die Kumpels von Wismut, dem Uranbergbau, der für die Sowjetunion arbeitete, und natürlich das Militär. So konnten die Führungsoffiziere der NVA (= nationale Volksarmee) in Strausberg am Sitz ihres Ministeriums in einer Sonderverkaufsstelle der HO einkaufen, die auch Westwaren zu billigen Ostpreisen anbot. Und natürlich vergaßen die SED-Funktionäre nicht, an ihr eigenes Wohl zu denken: In Wandlitz, wo die Bonzen – so auch Honecker – wohnten, gab es ebenfalls eine Sonderverkaufsstelle.

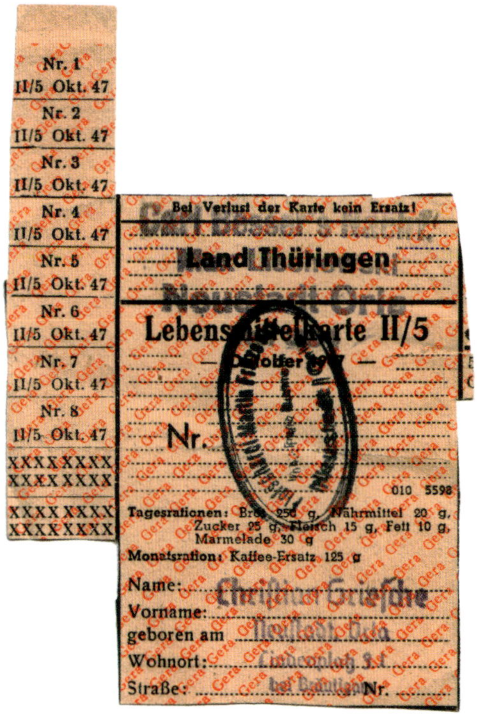
Nr. 1 II/5 Okt. 47
Nr. 2 II/5 Okt. 47
Nr. 3 II/5 Okt. 47
Nr. 4 II/5 Okt. 47
Nr. 5 II/5 Okt. 47
Nr. 6 II/5 Okt. 47
Nr. 7 II/5 Okt. 47
Nr. 8 II/5 Okt. 47
XXXX XXXX
XXXX XXXX
XXXX XXXX
XXXX XXXX
Bei Verlust der Karte kein Ersatz!
Land Thüringen
Lebensmittelkarte II/5
Nr.
010 5598
Tagesrationen: Brot 250 g, Nährmittel 20 g, Zucker 25 g, Fleisch 15 g, Fett 10 g, Marmelade 30 g
Monatsration: Kaffee-Ersatz 125 g
Name:
Vorname:
geboren am
Wohnort:
Straße: Nr.

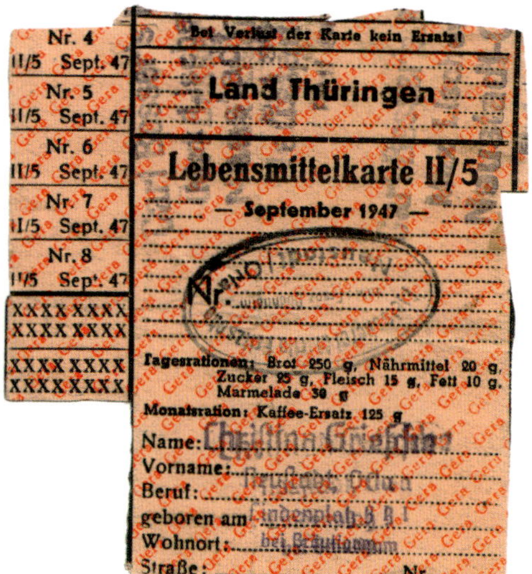
Nr. 4 II/5 Sept. 47
Nr. 5 II/5 Sept. 47
Nr. 6 II/5 Sept. 47
Nr. 7 II/5 Sept. 47
Nr. 8 II/5 Sept. 47
XXXX XXXX
XXXX XXXX
XXXX XXXX
XXXX XXXX
Bei Verlust der Karte kein Ersatz!
Land Thüringen
Lebensmittelkarte II/5
— September 1947 —
Nr.
Tagesrationen: Brot 250 g, Nährmittel 20 g, Zucker 25 g, Fleisch 15 g, Fett 10 g, Marmelade 30 g
Monatsration: Kaffee-Ersatz 125 g
Name:
Vorname:
Beruf:
geboren am
Wohnort:
Straße: Nr.

Die Eröffnung der HO Verkaufsstelle in der Frankfurter Straße in Ostberlin am 15.11.1948

Mit Ost-Mark wird man versorgt – mit West-Mark bedient

Die DDR-Währung galt auf dem Weltmarkt wenig

Die sozialistischen Grundprinzipien der Sozialistischen Einheitspartei in der DDR galten nur so lange, wie es für die Staatsführung von Interesse war. Doch wenn es um den Geldbeutel ging, vergaß die DDR-Staatsführung diese Prinzipien schnell. Der neuralgische Punkt waren die Devisen – an denen es dem Staat von Anfang an mangelte. Um Devisen zu erwirtschaften, musste man kreativ sein – nicht nur im Umgang mit existierenden Normen. War zunächst der Besitz von Westgeld verboten, so erlaubte man später der Bevölkerung, auch an dem hochwertigen Warenangebot im Intershop, wo nur gegen Devisen verkauft wurde, teilzuhaben, um auf diese Weise die in den Strümpfen und Wäscheschränken der Bevölkerung versteckten DM-Scheine abzuschöpfen.

Den Höhepunkt der sozialistischen Scheinheiligkeit bildete der GENEX-Geschenkdienst. Von der DDR-Staatsführung aus Devisenmangel 1957 geschaffen, konnte man über diese „Geschenk-Firma" und ihre Filialen im westlichen Ausland DDR-Bürgern Westwaren oder hochwertige, nicht erhältliche Waren aus östlicher Produktion schenken, musste dafür aber in Devisen bezahlen. Die fast ausschließlich von wohlhabenden Bundesdeutschen genutzte GENEX lieferte ohne Wartezeiten und zu erheblich niedrigeren Preisen als sie in der DDR galten: So kostete der 20.000 Ost-Mark teure Wartburg-Pkw nur rund 9.000 DM. Es gab aber auch geduldete Fälle von DDR-Bürgern, die sich mit „verbotenem" Devisenbesitz im Westen selbst über GENEX das „schenkten", was sie in der DDR nicht oder erst nach Jahren kaufen konnten.

Delikat und Intershop – Sozialistische Zweiklassengesellschaft

Eines der großen Ziele der DDR-Staatsführung war es, in dem von den Folgen des Zweiten Weltkrieges erschütterten Land die Versorgung der gesamten Bevölkerung mit einer materiellen und geistigen Grundversorgung wieder herzustellen und zu sichern. Dazu war es erforderlich, Essen, Wohnen, Bildung, Kultur und Erholung erschwinglich zu halten – die Preise hierfür blieben bis zum Ende der DDR niedrig und prägten ihren sozialistischen Alltag. Diese „Billig-Preis-Politik" hat letztlich entscheidend mit zum Untergang der DDR beigetragen. Eine Dreiraumwohnung kostete 103 Mark monatlich – warm versteht sich. Da lohnte es nicht, an der Heizung zu sparen. Das Studium war kostenlos. Für die Straßenbahn zahlte man bis zum Ende 20 Pfennige, ein Brötchen kostete 5 Pfennige, ein Roggenmischbrot (1 kg) 52 Pfennige – viel Brot wurde so einfach weggeworfen, noch mehr an die Tiere verfüttert, die man in den Datschen zur Selbstversorgung hielt. Verschwendung war bei so niedrigen Preisen angesagt, diese Preise zehrten nicht nur an der wirtschaftlichen Substanz, sondern sie minderten auch den Leistungswillen der Menschen, begünstigten unwirtschaftliches Handeln und ungezügelten Umgang mit gesellschaftlichem Reichtum. Die „Billig-Preis-Politik", von Erich Honecker immer wie eine heilige Kuh behandelt und nie zur Diskussion gestellt, kostete die DDR jährlich fast ein Viertel ihres Staatshaushalts, die Subventionen stiegen in den letzten zwanzig Jahren der DDR auf das Sechsfache, von 8,5 Milliarden auf fast 50 Milliarden Mark.

Doch wurde bis 1989 am Grundsatz der Preisstabilität festgehalten – jedenfalls für mehr als zwei Drittel der Waren und Leistungen. Für das verbleibende Drittel der Waren und Leistungen hatte man aber andere Preisgestaltungen gefunden. Die DDR-Staatsführung steckte nämlich in einem doppelten Dilemma. Einerseits wuchsen in der jungen DDR mit der wachsenden Wirtschaftskraft die Ansprüche der Bevölkerung und überstiegen längst den Grundbedarf, andererseits stiegen die Kosten vor allem für Rohstoffe, die man so dringend benötigte und großenteils am Weltmarkt gegen Devisen besorgen musste. Und dabei stand man immer in Konkurrenz zum westlichen Wohlstand, den ja das westdeutsche Fernsehen täglich in den Wohnzimmern der DDR-Bevölkerung vorführte.

Die Grundversorgung der Bevölkerung war sichergestellt

In dieser Situation beschloss der VI. Parteitag der DDR 1966, zur besseren Versorgung der Bevölkerung mit hochwertigen Nahrungs- und Genussmitteln so genannte Delikat-Läden einzurichten. Hier galt nicht die „Billig-Philosophie", hier wurden weit überhöhte Preise genommen für tatsächlich höherwertige DDR-Produkte, die es dann auch nicht mehr in den Regalen von HO und Konsum zu finden gab, und beispielsweise auch

Luxusgüter waren in Delikat-Läden erhältlich

für Erzeugnisse der Gestattungsproduktion, die ja ansonsten ins Devisenausland geliefert wurden. Die Rechnung ging für die DDR-Staatsführung in mehrerer Hinsicht auf. Da die Bevölkerung ohnehin einen Kaufkraftüberhang hatte, konnten sie nun ihr Geld für teure Luxusgüter ausgeben, gleichzeitig schöpfte der Staat Kaufkraft ab und machte dabei noch ein Geschäft. Am Ende der DDR gab es an die 550 der im Volksmund „Deli“ genannten Delikat-Läden!

Während zumindest theoretisch alle DDR-Bürger in der Lage waren, bei „Deli“ einzukaufen, konnte bei Intershop nur der einkaufen, der über Devisen verfügte. Dabei war den DDR-Bürgern der Besitz von Westgeld eigentlich verboten. Die Intershop-Läden waren Ende der 60er Jahre zunächst zu dem Zweck gegründet worden, Besuchern aus dem westlichen Ausland die Möglichkeit zu geben, sich in harter Währung Produkte ihres Landes in der DDR auf Bahnhöfen, Autobahnraststätten und Flughäfen als Reisebedarf kaufen zu können. Das Geschäft war jedoch so einträglich, dass es bald auch andernorts Intershop-Läden gab, am Ende der DDR eigentlich in jeder Stadt.

Auch das Westgeld mehrte sich bei den DDR-Bürgern – sie erhielten es von Verwandten zugeschickt oder überreicht, oder Westbesucher der Leipziger Messe zahlten ihre Privatquartiere nicht in Ost-Mark sondern in West-Mark. Und trotz des Verbots zog es die mit Westgeld versehenen DDR-Bürger in das Einkaufsparadies der Intershop-Läden, wo es die begehrte Westware gab. Der Staat duldete dieses Verhalten zunächst, so sehr war er auf die Devisen angewiesen. Durch einen Erlass des DDR-Ministerrates durften dann ab Februar 1974 auch die eigenen Bürger über D-Mark verfügen und damit in den Intershops einkaufen. Damit war die „Zweiklassengesellschaft“ der DDR endgültig festgeschrieben worden, ein Offenbarungseid der Staatsführung! Dass man seit 1979 das Westgeld jedoch vorher bei der DDR-Staatsbank in Forumschecks umtauschen musste, um damit in Intershop-Läden einkaufen zu können, änderte nichts mehr an diesem offensichtlichen Zustand, der die DDR-Bürger in solche mit Westgeld und solche ohne Westgeld unterteilte. Aber es ging ja nicht alleine um den Devisenbesitz – mit Westgeld ersparte man sich auch Rennerei und Schlangestehen. Denn im Intershop brauchte man nicht Schlange stehen. Glücklich war, wer zahlungskräftige Westverwandtschaft hatte. Wer nicht, versuchte schwarz zu tauschen. Eine Westmark gab's für zehn Ostmark!

Sozialistische Wertegemeinschaft

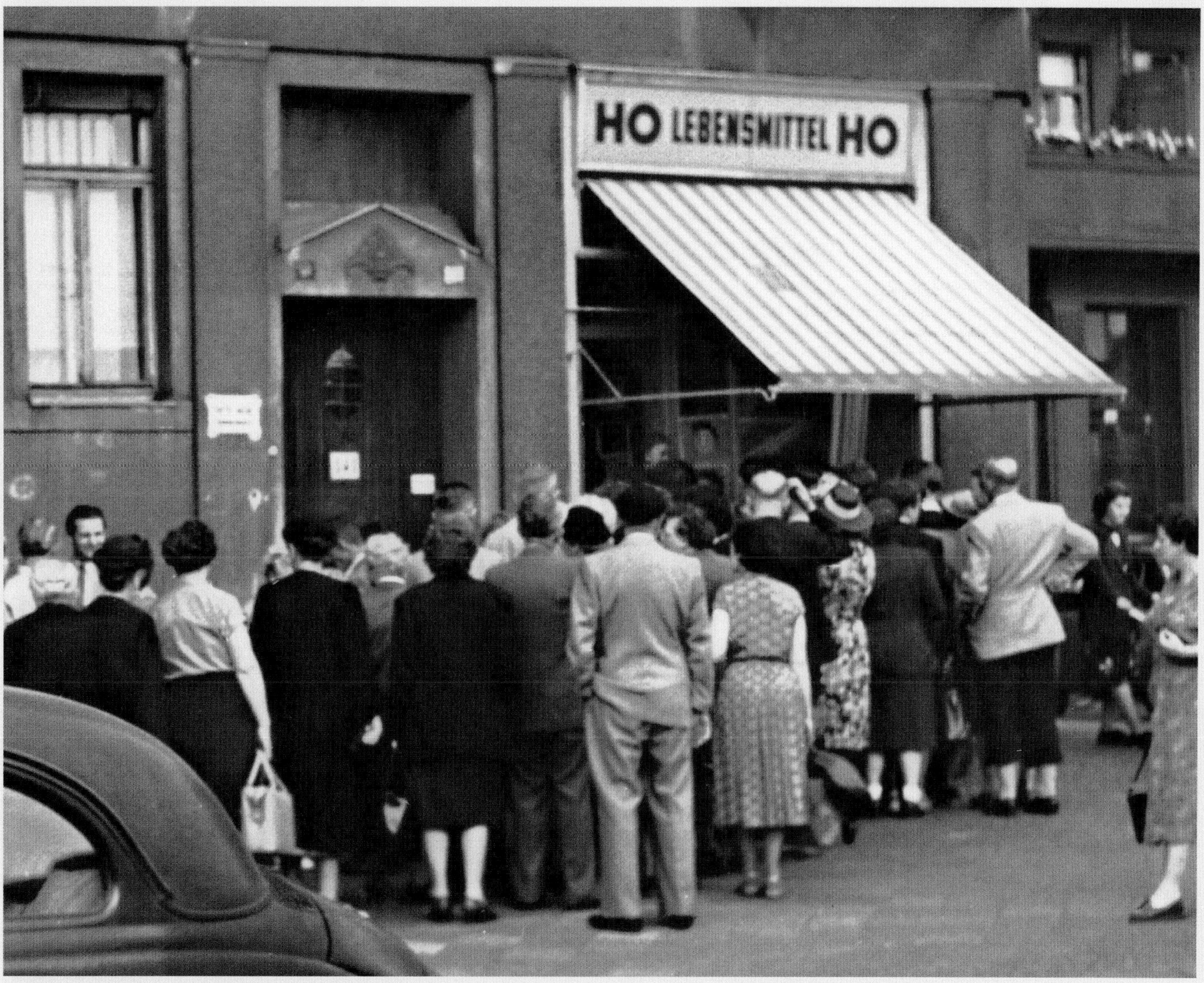

Die bedarfsgerechte Produktion und Verteilung der Güter war ein ungelöstes Problem in der DDR

Mit dem Aufbau der Distribution in der DDR durch HO- und Konsumgeschäfte sowie deren Warenhäusern war die regelmäßige Versorgung der Bevölkerung mit den wichtigsten Artikeln des täglichen Bedarfs längst noch nicht gelöst. Die Planwirtschaft war einfach nicht in der Lage, den Bevölkerungsbedarf im Voraus zu ermitteln und die dann tatsächlich produzierten Waren dem Bedarf entsprechend auf die Geschäfte und Warenhäuser zu verteilen. Da gab es von bestimmten Artikeln in Teilen der DDR ausreichend Vorrat, während in anderen Gebieten Mangel herrschte. Begehrte Produkte waren sowieso rar und wurden unter dem Ladentisch als Bückware verkauft. Schlangestehen war bei (fast) jedem Einkauf unvermeidlich – in der ersten Schlange stand man an, um einen Einkaufskorb zu bekommen, dann stand man an der Fleischtheke an, dann an der Brottheke, dann an der Gemüsetheke ... Wenn sich beispielsweise herumsprach, dass es irgendwo Bananen gab, dann ließ die Mundpropaganda die Schlangen umso länger werden – es bildeten sich die sozialistischen Wertegemeinschaften. Viel Geduld war also beim Einkaufen gefragt, und wie oft wurde das Ende der Schlange vergeblich erwartet, weil die begehrten Waren wie Hart- oder Schnittkäse, Reis, Speiseöl, Knäckebrot, Kakaoerzeugnisse oder Sekt schon ausverkauft waren, bevor man drankam.

Die Wende

Nach dem Fall der Mauer, der den Menschen der DDR endlich den freien Zugang zu allen Westprodukten ermöglichte, schien das Schicksal der Ostprodukte besiegelt zu sein: Alles Östliche war schlecht, alles Westliche war gut! Die Absatzzahlen der Ostbetriebe sanken dramatisch, ihre weitere Existenz war in Frage gestellt, zumal jetzt auch die westdeutsche Distribution mit ihrem Sortiment im Osten Fuß fasste.

Die Privatisierung der ehemaligen DDR-Betriebe wurde von der Treuhandanstalt, der am 1. März 1990 noch vom Ministerrat der DDR gegründeten „Anstalt zur treuhänderischen Verwaltung des Volkseigentums" (kurz „Treuhand" genannt), übernommen. Sie sollte die Kombinate entflechten und deren Nachfolgegesellschaften in Kapitalgesellschaften gemäß dem am 17. Juni 1990 von der Volkskammer beschlossenen „Gesetz zur Privatisierung und Reorganisation des volkseigenen Vermögens" (Treuhandgesetz) überführen. Der Treuhand wurden etwa 8.500 Betriebe unterstellt, in denen mehr als 4 Millionen Menschen arbeiteten. Bis zur Auflösung der Treuhand am 31. Dezember 1994 und der Übertragung der weiteren Abwicklungsarbeiten auf verschiedene Organisationen, betrugen die Erlöse aus Privatisierungen rund 60 Mrd. DM, denen aber Ausgaben von 300 Mrd. DM gegenüber standen.

Viele DDR-Betriebe haben die Überführung in die Eigenständigkeit nicht überlebt. Bei den Brauereien beispielsweise schloss die Hälfte der Betriebe gleich nach der Wende, weitere folgten kurze Zeit später, so dass es in einigen großen Städten wie in Gera, Jena, Halle, Magdeburg, Dessau, Cottbus oder Neubrandenburg gar keine Braustätten mehr gab – teilweise war auch Spekulation die Ursache dieser Entwicklung. Doch wie in anderen Branchen auch konnten im Laufe der Zeit immer mehr Ostbetriebe wieder im Markt Fuß fassen und ihren Vertrieb sogar bundesweit ausbauen. Unter den Braustätten waren dies beispielsweise Wernesgrün, Radeberg, Bad Köstritz, Wernigerode oder Lübz, auch Rotkäppchen Sekt, Aromatique Kräuterlikör, Nordhäuser Korn, Vita Cola und nicht zuletzt die Weine von Elbe, Saale und Unstrut haben sich erfolgreich auf dem gesamtdeutschen Markt behauptet.

Die Mauer ist weg!
JEDER darf ab sofort durch!
Deutschland weint vor Freude.

TWA

Aecht
Bockauer
Spirituosen Spezialitäten
Wilde Sau
Gewürzliqueur

TGL 25109
HSL 1960000
Rum
Col'a
alkoholisches Mischgetränk 8 Vol. %
mit Kohlensäure
0,5 l EVP 2,35
VEB GETRÄNKEKOMBINAT DESSAU
WERK III BRAUEREI ZAHNA

Apricot
BRANDY
Vol.% Inhalt 0,7 Liter Preis
Ernst F. Ullmann, Lauterbach
Destillation
(Erzgeb.)

Wir mixen

Modetrends, die nicht unterdrückt werden konnten, wurden integriert

„Wir mixen"

… lautet der Titel des DDR-Standardlehrbuches über „alkoholhaltige und alkoholfreie Mischgetränke" von Udo Henseler und Dr. Bernhard Weichsel, erschienen in vielen Auflagen bis in die 80er Jahre im VEB Fachbuchverlag, Leipzig. Es führt unter den Mixgetränken Cocktails, Fizzes, Cobblers, Flips, Egg-Noggs, Sours, Eiskrem-Sodas, Knickebeins, Crustas, Oysters, Bowlen, Punsche und alkoholfreie Mischgetränke auf.

Nach dem oben genannten Lehrbuch werden **Cocktails** als die am weitesten verbreiteten Mischgetränke vorgestellt. Sie werden entweder im Shaker geschüttelt, im Mischglas gerührt oder im Trinkglas gemischt. Vor dem Servieren werden Cocktails noch mit Zitronenöl bespritzt. Hierzu presst man über dem Glas ein Stück Zitronenschale zwischen Daumen und Zeigefinger mit der Schale nach unten aus. Cocktails werden auf Eis gemischt – das Eis wird aber vor dem Servieren entfernt, um das Getränk nicht zu verdünnen. Als Gläser benutzt man entweder Cocktailschalen oder serviert den Cocktail als Longdrink in Kelchgläsern.

Fizzes werden dadurch charakterisiert, dass sie aus mehreren auch alkoholischen Grundgetränken bestehen, mit Selterswasser aufgefüllt und mit Zitronensaft abgeschmeckt

Cocktail Parisiana

werden. Hierfür eignen sich größere Bechergläser oder breite Sektkelche – Strohhalm und Cocktaillöffel oder Fruchtspieß gehören dazu.

Charakteristisch für die **Flips** ist die Zubereitung der Bestandteile mit Ei. Das Getränk muss im Becher gut geschüttelt werden, damit es schön schaumig wird. Die meisten Flips werden kalt mit Strohhalm in hohen Kelch- oder Bechergläsern serviert und gerne mit Muskatnuss gewürzt.

Ungarischer Aperitif

werden. Erfrischend, sprudelnd und kühl serviert mit ein paar kleinen Eisstückchen dient ein Fizz als Erfrischung am Abend oder als Abschlussgetränk einer Feier. Für Fizzes eignen sich vor allem hochstielige Kelchgläser, sie werden aber auch in Bechern serviert.

Cobblers werden mit viel Eis im Trinkglas serviert und mit frischen, auch gezuckerten Früchten garniert. Es sind leichte und fruchtige Sommergetränke, die im Glas bereitet

Mokkaflip

Die „sauren" **Sours** werden mit viel Zitronensaft bereitet und in Bechergläsern, mit Früchten garniert, serviert. Kalte Sours eignen sich vorzüglich als Mittel gegen den Kater, heiße Sours helfen gegen Schnupfen und Heiserkeit.

Sommerliche **Eiskrem-Sodas** sind hervorragende Erfrischungsgetränke. Sie werden aus Speiseeis und Selterswasser mit Früchten, Fruchtsäften, mit oder ohne Spirituosen oder auch Wein bereitet und mit Milch oder

Gin Fizz

Egg Noggs sind Longdrinks, die mit frischen Eiern und Milch bereitet werden, und somit den Flips ähneln. Abgeseiht füllt man sie in große glockenförmige Gläser und serviert sie mit Strohhalm. Empfohlen wird, Eiweiß und Eigelb zu trennen, dabei das Eiklar zu einem festen Schnee zu schlagen, der dann unter die Ingredienzien gezogen wird. Auch hier ist das Würzen mit Muskatnuss beliebt.

Mango-Vanille-Drink

Sahne verfeinert. Serviert werden Eiskrem-Sodas im Sektkelch oder im hohen Becherglas mit Strohhalm und Cocktaillöffel.

Gekühlte Zutaten und Gläser sind eine Grundvorraussetzung für die Bereitung von **Knickebeins**, für die spezielle Gläser erforderlich sind, die das Vermengen der Zutaten verhindern. Die Bereitung beginnt mit dem Eingießen schwerflüssigen Likörs, darauf wird ein völlig von Eiweiß getrenntes Eigelb gesetzt, darauf streuselt man Nusssplitter oder beispielsweise geriebene Schokolade und zum Abschluss folgt vorsichtig die „scharfe" Zutat. Getrunken werden Knickebeins in einem Schluck.

Whisky-Crusta

Fruchtbowle

Für Augen und Gaumen werden **Crustas** in dünnglasigen Ballongläsern bereitet. Zur Vorbereitung wird der Rand des Glases 1 Zentimeter tief mit Orangen- oder Zitronensaft befeuchtet, wozu man am besten ein Achtel der Zitrusfrucht verwendet, damit den Rand einreibt und dann in Staub- oder Kristallzucker taucht – dadurch entsteht die „Kruste". Dann wird das im Mixer oder Shaker bereitete Getränk vorsichtig bis zum Rand in das Glas eingefüllt.

Nicht nur als Katervertreiber, sondern auch als Zwischendurch-Getränk auf einer Party gibt es die kräftigen und würzigen bis scharfen **Oysters**. Sie werden mit oder ohne Alkohol aus Eigelb, Tomatenmark oder Ketchup mit Gewürzen bereitet.

Zu den beliebten und erfrischenden Party-Getränken zählt die **Bowle**. Einige Stunden vor der Party werden Früchte gezuckert und in einem großen Glasgefäß mit Deckel, am besten gleich in dem Serviergefäß, mit Wein angesetzt. Kurz vor dem Servieren wird die Bowle mit Sekt und/oder Selterswasser aufgefüllt und mit Zuckersirup oder auch anderen Zutaten abgeschmeckt. Die Bowle wird dann jeweils mit einigen Früchten in spezielle Bowlegläser eingefüllt, zur Aufnahme der Früchte gibt es kleine Löffel oder Fruchtspieße dazu. Neben den Früchtebowlen sind in der DDR auch Gemüsebowlen in Mode gekommen, für die Gurken, Sellerie oder Tomaten das Aroma gaben.

Punsch ist das ideale Getränk für die kalte Jahreszeit. Seine Bezeichnung leitet sich von dem hindustanischen Wort „pantsch", der Bezeichnung für die Zahl „fünf", ab. Fünf Grundzutaten bilden dann auch die Grundlage des Punsch: Wein, Rum oder Arrak, Zucker, Wasser und Tee, dazu Gewürze. Punsch wird meistens heiß getrunken – insofern benötigt man spezielle feuerfeste Gefäße und Henkelgläser. Zur Bereitung löst man zunächst Zucker in heißem Wasser auf und ergänzt dann erst den Rum. Auf keinen Fall darf Punsch gekocht werden.

Silvesterpunsch

Zu den **alkoholfreien Mischgetränken** zählen vor allem Milchmischgetränke und Limonaden.

Über die breite Palette der Getränke in der DDR gibt es viel zu erzählen. Selbst Allerweltsgetränke wie Selters, Milch oder Limonade haben in der DDR ein ganz besonderes Leben geführt – ganz zu schweigen von Schnaps, Likör, Bier oder Wein. In dem Roman von Erich Loest „Nikolaikirche" über die letzten Jahre in der DDR vor der Wende heißt es sogar, dass „Selters, Sprudel oder so was schwerer zu ergattern war als Bier". Dabei gab es neben Selters reichlich Wasser in der DDR: Mineralbrunnen, Tafelbrunnen, Tafelwasser und Sodawasser. Doch nur Tafel- und Mineralbrunnen waren wirkliche Mineralwässer, ansonsten entstanden die Wässer aus salzhaltigerem Leitungswasser, das konzentriert und zusätzlich mit Mineralien und Kohlensäure angereichert wurde.

SELTERS-WASSER
EVP -,12 MDN
TGL 6801
BRAUEREI-EGMBH-DRESDEN
Greifen Chinetta
Fruchtsaftlimonade
EVP 0,30 DM
GREIFSWALDER BRAUEREI
FRUCHTSAFTLIMONADE MIT KOHLEN
ZUSATZ · NATURTRÜB
OPA
ZITRONEN-ORANGEN-FRUCHTSAFTLIMONA
VEB BRAUEREI EIBAU
EVP 0,3
NADE
HMACK, GEFÄRBT
NKE STENDAL
0,5 l EVP -,32 M
0,33 l EVP -,21 M
Betriebsteil 2
TGL 6801
Schl.-Nr. 178 61 20 0
Fruchtsaft-Limonade
MIT KOHLENSÄUREZUSATZ
NATURTRÜB
BRÄU GECIUS & KÖNIG KG
HALLESCHE STR. 32
EVP 0,30
FRUCHTSAFT GETRÄNK
MIT KOHLENSÄUREZUSATZ · NATURTRÜB
VEB BRAUEREI WITTENBERGE
EVP 0,35 MDN
KARENA
Zuckerreduziertes Fruchtsaftgetränk
Grapefruitgeschmack · naturtrüb
dioxid und Süßungsmitteln
Sternburg
Fruchtsaftgetränk
Aus Zitrus- oder heimischen Säften
Mit CO2 imprägniert
10 kg/hl Zucker
Kühl lagern - Naturtr.
EVP -,35 MDN
U.MALZKOMBINAT STERNBURG LÜTZSCHENA-LEIPZIG
TRÄNK
EVP
0,33 l M 0,35
DT/ORLA
Eberl-Brause
alkoholfreies ohne Zusatz
Erfrischungsgetränk von Farbstoffen
hergestellt aus den Bestandteilen der Zitrone u. mit natürlicher Kohlensäure versetztem, keimfreien Wasser
vom Eberl-Bräu Haupt-Depôt Dresden
Bönischplatz 11
Fernsprecher 3257
Kühl u. liegend aufzubewahren
Etikette gesetzl. geschützt
Coffeinhaltige Limonade
Cola
ASCO COLA
mit Vitamin C und 8,5 kg/hl Zucker
HSL 19 61 300
-,33 l
EVP -,35 M
THÜRINGER EXPORTBIERBRAUEREI
WILHELM KLUGE KG NEUSTADT/ORLA
ER
mit Kohlensäure
10 kg Zucker/hl
non
FTGETRÄNK
0,33 l
EVP 0,35 M
naturtrüb
us & König KG, Nordhausen
KOFFEINFREIES KOLAGETRÄNK
cola-Hit
HSL 1961620 135 kJ/100 ml
VEB Brauhaus Mühlhausen
im VEB Getränkekombinat Erfurt 0,33 l
M 0,45
SELTERSWASSER
TGL 6801
MÜNCH-BRÄU EIBAU
SCHLÜSSEL-
SEL

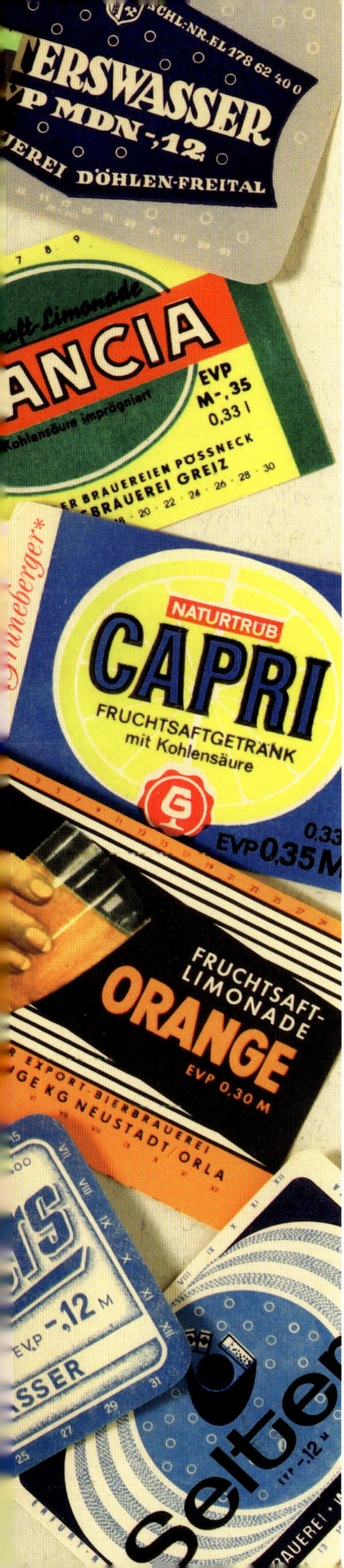

Getränke aus der Milchbar

Jugendtreff mit Kultcharakter: die Milchbar

Wasser und Milch, Limonaden und Säfte

Der Durst der DDR-Bürger war groß. Vor allem erfreute sich das breite Angebot an Spirituosen, das im Gegensatz zu manch anderen Produktkategorien immer reichlich präsent war, großer Beliebtheit. Doch mit dem eigentlichen Durst gab es manchmal Probleme, vor allem wenn im Sommer die große Hitzewelle ausbrach, große Teile der Bevölkerung an der Ostsee Urlaub machten, und dort einfach Selterwasser oder Brause trinken wollten – gegen den Durst! So sehr sich die Betriebe auch auf den sommerlich zu erwartenden Durst einstellen wollten, oft reichten die Rohstoffe nicht für eine höhere Produktion oder die Kapazitäten gaben nicht genug her oder es fehlte an Leergut … Und so groß und so preiswert auch das Angebot an Mineralwässern, Limonaden und Säften war – da gab es Fruchtlimonaden, Fruchtsaftgetränke, Orangeade, Brause mit Fruchtgeschmack, Süßmost, Rhabarbersaft, Apfelgetränke, die kleinen Flaschen ab 21 Pfennige, Brause für Sauerkirsch Süßmost blieb doch ein verregneter Sommer das beste Mittel gegen eine Unterversorgung mit Erfrischungsgetränken in den Urlaubsmonaten!

Mocca-Milch-Eisbar

Milch konnte in der DDR ein „heißes“ Getränk sein. Die Staatsführung, die einerseits in der DDR den Alkohol so reichlich produzieren ließ, sah sich andererseits gefordert, die Jugendlichen von Schnaps und Bier fern zu halten. So suchte man nach Wegen, wie man Jugendlichen attraktive Treffpunkte bieten konnte, wo eben nicht nur Bier und Schnaps getrunken wurde. Nicht die Kneipe, sondern die Milchbar sollte in der DDR zum Treff der Jugendlichen werden. So wurde die Idee der „Mocca-Milch-Eisbar“ geboren. Die erste dieser Milchbars entstand an ganz exponiertem Standort in der Karl-Marx-Allee, im Herzen von Berlin in direkter Nachbarschaft zum „Café Moskau“ und dem „Kino International“. Die ehemalige Mocca-Milch-Eisbar in der Karl-Marx-Allee ist heute das „Café Alberts“, ein moderner Szene-Treff mit Großstadtflair, wo man den Puls der Zeit im Stilmix der amerikanisch anmutenden 50er-Jahre-Sofas und einer High-Society-Club-Atmosphäre fühlt.

Weitere Mocca-Milch-Eisbars entstanden auch in anderen Städten der DDR, eine Bar unter diesem Namen gibt es heute noch in Dresden. Zu DDR-Zeiten wurde nach diesen Mocca-Milch-Eisbars eine beliebte Jugendmusiksendung im DDR-Rundfunk benannt. Und „Team 4“, eine der bekanntesten, 1964 gegründeten DDR-Rockbands hat sich sogar musikalisch mit dem Thema befasst. 1969 komponierte Thomas Natschinski, der Sänger der Band, nach dem Text von Hartmut König den Song: „Mocca-Milch-Eisbar“, der ein echter Hit wurde:

In der Mocca Milch Eisbar
hat sie mich gesehn,
in der Mocca Milch Eisbar
da ist es geschehn.
In der Mocca Milch Eisbar
hat sie mich gesehn,
in der Mocca Milch Eisbar
da ist es geschehn.
Als sie bei einem Honigflip saß,
und mich mit großen Augen maß,
ihr Lächeln schwebt her,
wenn die Neugier nicht wär

Doch überall dort, wo sich in der DDR Leute zu geselligem Beisammensein trafen, um miteinander zu reden, war auch die Stasi nicht weit. Misstrauisch beäugte die Staatsführung alle Aktivitäten von DDR-Bürgern, denen sie eine kritische oder gar staatsfeindliche Haltung unterstellte. Und solche Leute trafen sich auch gerne in der Berliner Mocca-Milch-Eisbar, wo sie dann auch prompt von der Stasi beobachtet wurden.

Zu dem Kreis dieser jungen Leute, die sich mehr oder weniger regelmäßig in der Mocca-Milch-Eisbar an der Karl-Marx-Allee trafen, gehörten Nina Hagen, Bettina Wegner und die Söhne von Robert Havemann. Ende der 60er Jahre wurden sie hier von der Staatssicherheit beobachtet, ebenso wie 52 andere Jugendliche, die zu diesem Kreis gehörten – und bei der Stasi als Operativer Vorgang „Diskussionsklub" geführt wurde, wie man in der Berliner Zeitung im Ressort Magazin vom 4.12.1999 nachlesen konnte.

Vita Cola und Club Cola

Autarkie und Eigenständigkeit waren Grundprinzipien im gesamten Ostblock. Nie versäumten es die kommunistischen Funktionäre, die Überlegenheit des sozialistischen Systems zu predigen. Doch ganz konnte man sich nicht dem westlichen „Paradies" verschließen – es war allgegenwärtig auf der Welt. So wie Nikita Chruschtschow Gefallen an amerikanischem Mais und amerikanischen Bullen gefunden hatte, so schätzte er auch das imperialistische Getränk „Cola". So sehr Jeans anfänglich in der DDR verpönt waren, so gesellschaftsfähig waren sie alsbald. Was man nicht unterdrücken konnte, wurde geduldet oder schlichtweg integriert.

So sehr sich die Staats- und Parteiführung vom „maroden" Westen absetzen wollte, so sehr wollten ihre Repräsentanten es dem Westen gleichtun und so ließen es sich die hohen Funktionäre doch nicht nehmen, in westlichen Staatskarossen der schwedischen Marke „Volvo" vorzufahren. Und nur so war es möglich, dass Pepsi zeitweilig Cola in Rostock abfüllen konnte, und nur so war es möglich, dass es in der DDR sogar eigene „sozialistische" Cola-Getränke gab, die teilweise Kultcharakter annahmen und dann auch die Wende überdauerten – sogar nach Originalrezept! Die Haupt-Colamarken der DDR waren Vita Cola und Club Cola. Daneben gab es unter anderem noch Asco Cola, die eher in den nördlichen DDR-Bezirken erhältlich war, dann noch Quick Cola mit spezieller Kräutermischung, seit Ende der 80er Jahre auch mit Kirschgeschmack als Cherry Cola erhältlich, Hit Cola und Prick Cola, die aber nach kurzer Zeit wieder vom Markt verschwanden, und ein paar weitere Marken, die jeweils nur in den Bezirken erhältlich waren, in denen sie auch hergestellt wurden.

Die DDR-Colageschichte begann mit Vita Cola. Sie war im Geschmack längst nicht so süß wie viele andere DDR-Getränke, sogar leicht säuerlich, und hatte viel Kohlensäure. Im Jahr 1954 wurde der Name „Vita Cola" von den Chemischen Werken Mittlitz beim DDR-Patentamt angemeldet, aber erst vier Jahre später konnte eine Produktionsgenehmigung für das erforderliche Konzentrat beantragt werden. 1958 wurde dann Vita-Cola in der Kategorie „Brauselimonade mit Frucht- und Kräutergeschmack" auf der Leipziger Herbstmesse präsentiert. Auf Grund lebensmittelrechtlicher Bestimmungen musste die in über 200 DDR-Betrieben abgefüllte Vita Cola als „koffeinhaltiges Erfrischungsgetränk mit 50 mg Vitamin C" bezeichnet werden. Interessant ist die erfolgreiche Revitalisierung der Marke Vita Cola: Anfang 1994 nahm die zum westdeutschen Brau & Brunnen-Getränkekonzern gehörende Thüringer Waldquell Mineralbrunnen GmbH nach einigen Verbrauchertests Vita Cola mit einer nur geringfügig veränderten Rezeptur in der Originalflasche und anfänglich mit dem Originaletikett in ihr Sortiment auf. Heute ersetzen natürliche Öle aus Zitrusfrüchten die ehemals eingesetzten naturidentischen Aromen. Der Geschmack blieb mit seiner typischen leichten, weniger süßen Zitrusnote gleich. Seit April 2001 ist Vita Cola mit einem modernisierten Etikett auf dem Markt. Sie ist heute die zweitbeliebteste Cola-Marke in den neuen Bundesländern. Mitte 2005

verkaufte Brau- und Brunnen aus strategischen Gründen die Marke Vita-Cola neben anderen Marken an die Hessische Hassia-Sprudel-Gruppe aus Bad Vilbel.

Genau genommen war Club Cola die „offizielle“ Cola-Marke der DDR. Ursprünglich wollte man natürlich die echte Cola haben, und das war nach Auffassung der DDR-Oberen eben nicht Pepsi Cola, sondern Coca Cola. Die Versuche des großen Berliner Getränkekombinates, mit Coca Cola ins Geschäft zu kommen, scheiterten an den technologischen Vorbedingungen und vor allem an den finanziellen Vorstellungen der Amerikaner. Und so bastelte man an einer eigenen Mixtur, die es mit Coca Cola aufnehmen sollte – also eine richtige Cola, und nicht nur einem coffeinhaltigen Erfrischungsgetränk wie Vita Cola. Das neue Produkt „Club Cola“ wurde erstmals auf der Leipziger Frühjahrsmesse 1966 präsentiert, im Folgejahr konnte mit der Abfüllung in der Betriebsstätte Prenzlauer Berg des Getränkekombinats Berlin begonnen werden. Club Cola wurde bei den DDR-Verbrauchern so beliebt, dass sie von der Staatsführung auf der Frühjahrsmesse 1972 mit „Gold in der Kategorie Erfrischungsgetränke“ ausgezeichnet wurde. Nach der Wende wurde Club Cola kurzzeitig weniger süß vertrieben, doch hielten die Ostdeutschen an ihrer alten Cola fest. Seit 1995 gibt es die Club Cola wieder in altbewährter Süße. Heute wird das Getränk von einem Berliner Mineralwasser-Produzenten nach DDR-Originalrezept hergestellt und abgefüllt.

Fassbrause

Auch noch soviel Cola konnte die Fassbrause nicht aus dem Gedächtnis der Menschen löschen. Traditionell

stammt Fassbrause aus Berlin und seinem Umland. „Brause“ ist ein regionaltypischer ostdeutscher Begriff für ein kohlensäurehaltiges, alkoholfreies Erfrischungsgetränk, das üblicherweise als Limonade bezeichnet wird. Die Original Berliner Fassbrause mit natürlichen Frucht- und Kräuterzutaten wurde früher aus Holzfässern gezapft.

Heute gibt es eine Reihe von Herstellern, die diese von den Berlinern auch spöttisch „Sportmolle“ genannte Fassbrause („molle“ = Bier) für Endverbraucher auf Flaschen abziehen und natürlich das Getränk für spezielle Abnehmer beispielsweise aus der Gastronomie in Metallfässer füllen.

Neben der „üblichen“ bräunlich-goldenen Apfel-Fassbrause gibt es auch noch andere eher selten vertretene Sorten in anderen Farben, so etwa in grün mit Waldmeistergeschmack, in rot mit Himbeergeschmack oder in blau mit Waldbeerengeschmack.

Vipa zurück!

Ein ostdeutsches Kultgetränk aus der frühen Phase der DDR ist wieder auf dem Markt. Vipa war 1959 von einem Berliner Apotheker erfunden und Anfang der 60erJahre als DDR-Patent des VEB Weinverarbeitung Wismar anerkannt worden. Man hatte eine weinhaltige Limonade mit einem Anteil von 4%vol. Wein „erfunden", die ihre Blüte als Erfrischungsgetränk in den 60er und 70er Jahren erlebte. Dieses schwach alkoholische Getränk wurde sogar bei Schulfesten angeboten. Doch dann verdrängten andere Produkte Vipa, so dass die Produktion schließlich eingestellt wurde.

45 Jahre nach seiner „Erfindung" taucht das alte ostdeutsche, mit Wein angereicherte Kultgetränk aus Sprudel, Tee und Kräutern in althergebrachter Aufmachung wieder in den Supermarktregalen auf. Zunächst waren die Warenrechte an Vipa im Zuge der Reprivatisierung nach der Wende an die Obstkelterei Rötha bei Leipzig gegangen, von der sie schließlich die Hanse Sektkellerei GmbH abkaufte. Erst 1995 ließ die Hanse Sektkellerei Vipa im Osten wieder in Lizenzproduktion herstellen – weniger süß als Limonade mit 20%igem Weinzusatz bei 1,8%vol. Alkoholanteil.

Der Absatz erreichte nur 10 Prozent des Absatzes zu DDR-Zeiten. Doch im Westen glaubte man, weitere Absatzchancen zu haben und besann sich auf die alte Rezeptur auf der Basis natürlicher Essenzen aus acht Kräutern wie etwa Veilchenwurzel, dazu Tee-Extrakt, Mineralwasser und wenig Wein, um den ursprünglichen erfrischenden Charakter wieder zu erlangen.

Inzwischen kommt Vipa im Mutterunternehmen der Hanse Sektkellerei, der Schloss Wachenheim AG, im rheinland-pfälzischen Böchingen groß raus – aber etwas weniger süß als die Original-Vipa ist die moderne Vipa dennoch. Zudem hofft man dort, auch mit einer roten Variante Furore zu machen, die es übrigens früher auch in der DDR unter dem Markennamen „Virola" gegeben hat.

DDR-Kaffeeklatsch

Die DDR Staatsführung lebte in einem permanenten Dilemma: Einerseits wies ihre Bevölkerung einen höheren Lebensstandard als die aller anderen Bruderländer des Ostblocks auf, andererseits wuchs der Abstand zur Versorgung der westdeutschen Bevölkerung – was ja zudem tagtäglich durch das Westfernsehen demonstriert wurde. Um diesem eklatanten Missstand abzuhelfen, hatte Ulbricht schon auf dem V. Parteitag der SED 1957 die Parole ausgegeben „Überholen ohne einzuholen". Gemeint war damit als Ziel, in den kommenden Jahren den westdeutschen Lebensstandard und Konsum innerhalb der nächsten vier Jahre zu erreichen. Damit sollte die „Überlegenheit des Sozialismus" bewiesen werden. Immerhin verließ die DDR damit den anfänglich eingeschlagenen Weg, Investitionen tendenziell den Vorrang vor dem privaten Konsum zu geben. Es wurde auch definiert, was sozialistischer Konsum ist: Der Kauf langlebiger und praktischer Artikel, verantwortungsbewusste Werbung nur für solche Produkte, die auch vorrätig waren, um nicht durch neu geweckte Wünsche die Mangelsituation zu verschärfen.

Die Planwirtschaft war aber nicht in der Lage, Konsum und Investitionen gleichzeitig zu fördern. Dazu kamen die Auswirkungen der landwirtschaftlichen Kollektivierung, die zur Verknappung selbst von Grundnahrungsmitteln wie Butter, Fleisch und Käse führten. Die Staatsführung spürte den zunehmenden Unmut der Bevölkerung – unter anderem an dem zunehmenden Flüchtlingsstrom in den Westen. Angesichts dieser Situation entschloss sich die DDR-Staatsführung zum Bau des „Antifaschistischen Schutzwalles". Diese Maßnahme beendete den Verlust gerade qualifizierterer Arbeitskräfte, und im Schutz der Mauer konnte der „Aufbau des Sozialismus", auch mit unpopulären Maßnahmen wie Normerhöhung bei der Arbeit oder Preisdifferenzierung über Delikat- und Exquisitläden ungestörter fortgesetzt werden. In der Tat konnte auf diese Weise in der zweiten Hälfte der 60er und in den 70er Jahren wirtschaftlicher Aufschwung erzielt werden – auf Pump, wie wir heute wissen.

Ende der 70er Jahre waren auch die besten Jahre der DDR vorbei. Am Weltmarkt rumorte es. Erdöl wurde teurer und die Rohstoffpreise für so begehrte Genussmittel wie Kaffee und Kakao stiegen ins Unermessliche. Mit Entsetzen stellte die DDR-Staatsführung fest, dass sich die Sowjetunion als großer Rohstoffexporteur keineswegs brüderlich verhielt – Die DDR musste ihre Rohstoffbezüge aus der Sowjetunion zu Weltmarktpreisen entrichten. Und damit schmolzen die letzten Devisenreserven der DDR dahin. Auch Kaffeeimporte konnten kaum noch bezahlt werden, echter Bohnenkaffee verschwand weitgehend aus den HO- und Konsumregalen, und wer noch richtigen Kaffee kaufen wollte, musste in den Delikat oder zum Intershop.

Preisstabil, aber selten köstlich: Kaffee in der DDR

„Erichs Krönung“

Weltmarktpreise trotz aller Freundschaftsbekundungen

Angesichts der stark gestiegenen Weltmarktpreise für Rohkaffee musste die DDR zur Deckung des Inlandsbedarfs von ca. 50.000 Tonnen jährlich nicht mehr ca. 150 Millionen Valutamark aufbringen, sondern 1977 über 650 Millionen Valutamark. Das war nicht mehr zu finanzieren.

Not macht erfinderisch – um teure Devisen für Kaffeeimporte einzusparen, beschloss die DDR-Staatsführung die Einführung einer neuen Kaffeesorte „Kaffee Mix“, jenem legendären pulverisierten Kaffee-Verschnitt, der einfach nicht nach Kaffee schmecken wollte. Jener Pulverkaffee bestand nur noch zu einer Hälfte aus richtigem Kaffee, zur anderen Hälfte aus Ersatzstoffen – und kostete das Doppelte. Gleichzeitig verwies die DDR-Staatsführung darauf, dass ja die grenzüberschreitenden privaten Warenlieferungen aus der Bundesrepublik Deutschland zur Versorgung mit Kaffee beitragen würden.

Anfänglich nahm man Roggenextrakte, um die zweite Hälfte von „Kaffee-Mix“ zu füllen. Leider führte dieser Extrakt durch Verklumpung zu einer Kriegserklärung an den in der DDR gebräuchlichen Kaffeeautomaten „Kaffeeboy“.

Der „Kaffeeboy“ kapitulierte und reagierte mit sofortiger Brühsperre. Es kam zu Protesten und zu Eingaben an die Staatsführung. Sofort unternahm man Langzeittests mit neuen Surrogaten, und so kamen Gerste, Zichorie und geröstete Zuckerrübenschnitzel in den „Kaffee-Mix“. Doch nun lehnten die Bürger erst recht „Erichs Krönung“, wie das Gemisch bald darauf despektierlich genannt wurde, entschieden ab. Nur der schnelle Einkauf von Rohkaffee in Staaten der Dritten Welt konnte die Lage wieder stabilisieren – eine bittere Pille für die Staatsführung. So war dem „Kaffee-Mix“ kein Erfolg beschieden, und die Staatsführung nahm das Produkt wieder vom Markt.

Röstfein – Not macht erfinderisch

Nach der „Schlappe“ mit Kaffee-Mix waren neue Ideen in der DDR gefragt, um dem leidigen Kaffeethema zu einer Wende zu verhelfen. Der Kaffee-Konsum war den DDR-Bürgern so heilig, dass sich trotz der Preiserhöhungen im Lande ihr Pro-Kopf-Verbrauch auf ähnlich hohem Niveau wie im Westen bewegte. Ein weiteres Problem bestand für die DDR-Führung darin, dass es zu wenige leistungsfähige Röstanlagen im Lande gab, um die quantitative und qualitative Versorgung sicherzustellen.

So erging daher an die damalige Technische Hochschule Magdeburg der Auftrag, der aufwändigen und patentgeschützten westlichen Trommelröstung ein DDR-eigenes Verfahren entgegenzustellen. Gemeinsam mit dem Konsum-Kaffeewerk Röstfein entwickelten die Magdeburger Wissenschaftler um Prof. Mörl eine neuartige Wirbelschicht-Technologie für die Kaffeeröstung. Bereits im September 1981 konnte eine entsprechende großtechnische Versuchsanlage in Betrieb gehen, die bei höherer Qualität des Kaffees und gesunkener Röstzeit auch energiesparender arbeitete. Unter Nutzung dieser neuen Kaffeetechnologie konnte sich das Röstfein-Werk zum Spitzenreiter unter den sieben DDR-Kaffeeröstbetrieben der DDR entwickeln. Dieses neue Kaffeeröstverfahren erwies sich auch nach der Wende als wettbewerbsfähig und sicherte dem Betrieb als einzigem ehemaligem DDR-Unternehmen der Branche das Überleben in der Marktwirtschaft.

Röstfein – Spitzenreiter unter den Kaffeeröstbetrieben in der DDR

Getränke aus der Milchbar:

Rezepte

Kubanische Sultanetta

Zutaten

1 Päckchen „Komet-Eispulver“ Kakaogeschmack
3/4 l Milch
4 cl Rum
1 El Rosinen
1 El Knusperflocken

Zubereitung

1 Das Eispulver mit der Milch und dem Rum gut verrühren.

2 Die gewaschenen, vorher in Rum eingeweichten, Rosinen dazugeben, gut kühlen.

3 Die Sultanetta in Gläsern anrichten und zum Servieren mit Knusperflocken bestreuen.

Anmerkungen

- Knusperflocken aus dem VEB Zetti Schokoladen und Zuckerwaren in Zeitz waren kleine, aus Schokolade und Knäckebrot hergestellte Süßwaren, ein begehrter Knabberartikel aus dem DDR-Angebot. In Anspielung auf die kapitalistischen, mit Corn Flakes hergestellten Schoko Crossies, wurden Knusperflocken auch scherzhaft Schoko-Ossis genannt. Knusperflocken werden von der Firma Zetti GmbH seit 1995 wieder hergestellt.

- Komet-Eispulver gab es in mehreren Geschmacksrichtungen seit den 80er Jahren in der DDR. 1959/60 entwickelte das Ehepaar Pöhle, Inhaber einer Teigwarenfabrik im sächsischen Großpostwitz, ein Speiseeispulver zur Herstellung von Speiseeis im Haushalt – ein Novum auf dem DDR-Markt, das begeisterten Zuspruch fand. Nach Zwangsversteigerung (VEB Komet Eierteigwaren- und Speiseeispulverfabrik) und Reprivatisierung im Jahre 1990 ist Komet mit überzeugender Qualität und erweiterter Produktpalette erfolgreich zurück auf dem Markt.

Muttchens Weißer Traum

Zutaten

1 Kugel Vanilleeis
2 cl Korn
2 cl Zitronenlikör
2 cl Goldbrand Weinbrand
120 ml Milch

Zubereitung

1 Eine Kugel Vanilleeis in ein Glas geben.

2 Korn, Zitronenlikör und Weinbrand gut mischen und ebenfalls in das Glas geben.

3 Die Mischung mit gut gekühlter Milch auffüllen.

Anmerkung

- Dieses Mixrezept stammt aus der Milchbar in Wismar, die jeder Seefahrer zu DDR-Zeiten kannte. Zitronenlikör wurde zwar zu DDR-Zeiten hergestellt, gibt es aber nicht mehr – insofern kann man auch Curaçao nehmen, der in der DDR in Gestattungsproduktion hergestellt wurde und in Delikat-Läden erhältlich war. Viele DDR-Seeleute schwärmen bis heute vom „Muttchen", der guten Seele der Milchbar, die den Seeleuten vor der Abreise „Weißen Traum" in Flaschen abgefüllt mitgab – was natürlich streng verboten war.

Tomatenjoghurt-Cocktail

Zutaten

125 ml Tomatensaft
125 ml Joghurt
1 Messerspitze geriebener Meerrettich
Picnic-Sauce
1 El süße Sahne

Zubereitung

1 Den Tomatensaft mit dem Joghurt gut durchmischen.

2 Meerrettich dazugeben und mit Picnic-Sauce abschmecken.

3 Zum Servieren die Sahne unterrühren.

Anmerkungen

- Picnic-Sauce war die in der DDR erhältliche Worcestersauce.
- Anstelle der Sahne kann auch Kondensmilch verwendet werden.

Gurkenjoghurt-Cocktail

Zutaten

1 große Gartenkurke
2 Becher Joghurt
1 Prise Salz
1 Prise Zucker
Schnittlauch

Zubereitung

1 Die Gurke halbieren, entkernen und in Würfel schneiden.

2 Die Gurkenwürfel mit Joghurt, Salz und Zucker im Mixer pürieren.

3 Den gut gekühlten Gurkenjoghurt in Cocktailgläser füllen und mit klein geschnittenem Schnittlauch verzieren.

Schwedischer Eierjoghurtmix

Zutaten

1 El Rosinen
1/4 l Sanddornsaft
2 große Becher Joghurt
3 Eier
1 Päckchen Vanillezucker
Zimtpulver

Zubereitung

1 Die Rosinen waschen und im Sanddornsaft einweichen.

2 Den flüssigen Joghurt mit den Eiern, dem Vanillezucker und dem Zimtpulver verrühren.

3 Die marinierten Rosinen dazugeben.

4 Zum Servieren den Eierjoghurtmix gut gekühlt in Gläser füllen.

Mango-Vanille-Drink

Zutaten

1 Päckchen „Komet-Eispulver“ Vanillegeschmack
1 l Milch
3 El Himbeersirup
1 Dose Mangosaft

Zubereitung

1 Das Eispulver in der Milch verrühren, bis es aufgelöst ist.

2 Den Himbeersirup und den Mangosaft hinzugeben.

3 Das Getränk gut gekühlt in attraktiven Gläsern mit einem Strohhalm servieren.

APERITIFS

Aperitif Lacour
VEB Weinbrennerei Erfurt . . . . Glas 0,1 l

Gotano, rot . . . . Glas 0,1 l

Italienischer Wermut bianco . . . . Glas 0,1 l

SPIRITUOSEN

Weinbrand „Auslese"
VEB Weinbrand Wilthen . . . . 42 Vol.-%

Weinbrand „Edel"
VEB Weinbrand Wilthen . . . . 38 Vol.-%

Sowjetischer Weinbrand *** ** . . . . 42 Vol.-%

Französischer Kognak
Hennessy . . . .

Whisky
VEB Melde Cottbus . . . . 43 Vol.-%

Schottischer Whisky
Black and White . . . . 43 Vol.-%

Adlershofer Wodka
VEB Bärensiegel . . . . 45 Vol.-%

Sowjetischer Wodka . . . . 40 Vol.-%

Gin
VEB Bramsch . . . . 45 Vol.-%

In der Milchbar wurden auch alkoholische Getränke angeboten, wie diese Karte beweist.

Ananas-Vanille-Drink

Zutaten

1/2 l starker Teeaufguss
1/2 l Milch
1 Päckchen „Komet-Eispulver" Vanillegeschmack
1/2 Dose Ananasstückchen
Zitronensaft
Eiswürfel

Zubereitung

1 Tee und Milch zusammen gießen und das Eispulver darin auflösen.

2 Die Ananasstückchen hinzufügen.

3 Das Getränk mit Zitronensaft abschmecken.

4 Zum Servieren Eiswürfel in Gläser geben und den Drink einfüllen.

Anmerkung

- Dieser Drink kann auch mit anderen Fruchtstücken wie zum Beispiel Aprikosen bereitet werden.

Pharisäer

Zutaten

1/2 l heißer, starker Kaffee
12 El angewärmter Rum
4 gehäufte Teelöffel Zucker
1/8 l süße Sahne

Zubereitung

1 Kaffee, Rum und Zucker in 4 vorbereitete, gewärmte Tassen geben.

2 Die Sahne steif schlagen und je ein Häubchen davon auf den heißen Kaffee geben.

3 Den Kaffee durch die Sahne hindurch genüsslich schlürfen.

Anmerkung

- Pharisäer ist ein typisch norddeutsches Getränk, das über die gesamte Küstenbreite von Nord- und Ostsee verbreitet ist. Der Ursprung dieses Getränkes liegt auf Nordstrand, dessen Gemeindemitglieder als besonders trinkfest galten, was dem Pastor der Insel überhaupt nicht passte. Um den Pastor bei Familienfeiern nicht zu enttäuschen, kamen die Nordstränder auf eine List: Sie gossen den Rum in den Kaffee und versahen ihn mit einer Sahnehaube gegen den verräterischen Duft. Zu vorgerückter Stunde wurden die Tassen versehentlich vertauscht – der nüchterne Pfarrer erhielt aus Versehen eine Tasse mit Rum und soll gesagt haben: „Ihr seid mir richtige Pharisäer!“

Rum Cola

Zutaten

Eiswürfel
1 1/2 cl Zitronensaft
5 cl Rum
Cola zum Auffüllen

Zubereitung

1 Zwei Eiswürfel in ein Longdrinkglas geben.

2 Zitronensaft und Rum eingießen.

3 Je nach Geschmack mit Cola auffüllen.

Anmerkung

- Im kapitalistischen Westen hat dieser Longdrink (mit Limettensaft) unter der Bezeichnung „Cuba Libre“ Furore gemacht. Im Osten war das Getränk gleichermaßen beliebt, es wurde sogar von der Brauerei Zahna im VEB Getränkekombinat Dessau als so genanntes alkoholisches Mischgetränk mit 8%vol. Alkohol unter der Bezeichnung „Rum Cola“ zu 2,35 Mark je Flasche angeboten.

Apfel Vipa

Zutaten

3 Äpfel „Goldener Köstlicher"
Vanillezucker
4 cl „Goldkrone" Weinbrand
1 Flasche Vipa
Eiswürfel

Zubereitung

1 Die Äpfel schälen, vom Kerngehäuse befreien und in kleine Würfel schneiden.

2 Die Apfelstücke auf Gläser verteilen, mit Vanillezucker bestreuen und mit Weinbrand marinieren.

3 Zum Servieren das Getränk mit eisgekühlter Vipa auffüllen und mit Eiswürfeln versehen.

Anmerkungen

- Goldener Köstlicher („Golden Delicious") war die gebräuchlichste Apfelsorte in der DDR, eher süß als säuerlich.
- Vipa war die weit verbreitete weinhaltige Limonade der DDR mit 4%vol. Wein.

Kaffee auf Kronstädter Art

Zutaten

Eiswürfel
4 El Staubzucker
4 Tassen Mokka Double
4 cl Curaçao oder Maraschino
4 cl „Goldkrone" Weinbrand

Zubereitung

1 Die Eiswürfel in eine feuerfeste Glasschüssel geben und den Staubzucker hinzufügen.

2 Mit heißem Kaffee auffüllen und Weinbrand zugießen. Curaçao oder Maraschino darüber geben und in Gläsern servieren.

Anmerkungen

- Dieser Kaffee hieß zu DDR-Zeiten „à la Brasov".
- Maraschino ist ein klarer Branntwein aus vergorener Maraska-Kirsche, der zu DDR-Zeiten aus Jugoslawien kam und sowohl zum Aromatisieren als auch für Cocktails verwendet wurde.

Holländischer Kaffee

Zutaten

1/2 Tasse starker heißer Kaffee
1/3 Tasse Eierlikör
1 El Schlagsahne
Kakaopulver

Zubereitung

1 Den Kaffee in eine Tasse geben und den Eierlikör darüber gießen.

2 Die Schlagsahne als Haube auf den Kaffee aufsetzen.

3 Zum Servieren den Holländischen Kaffee mit Kakaopulver bepudern.

Biedermann

Zutaten

1/2 l Mokka
1/2 l roter Südwein
1/2 l Rum
100 g Zucker

Zubereitung

1 Alle Zutaten miteinander erhitzen.

2 Den Biedermannkaffee in kleinen Kaffeetassen servieren.

Eierkaffee

Zutaten

1 Eigelb
1 Tl Zucker
1 Tasse Mokka
1 Spritzer Weinbrand

Zubereitung

1 In einer vorgewärmten Kaffeetasse das Eigelb mit dem Zucker verrühren.

2 Die Tasse mit heißem Mokka aufgießen.

3 Den Eierkaffee mit einem Spritzer Weinbrand servieren.

Florentiner Kaffee

Zutaten

Eiswürfel
4 Tl Staubzucker
Zimtpulver
4 cl „Goldkrone" Weinbrand
4 Tassen Mokka Double

Zubereitung

1 Attraktive Gläser zu einem Drittel mit Eiswürfeln füllen.

2 Je einen Teelöffel Staubzucker und etwas Zimtpulver darüber geben, mit Weinbrand übergießen.

3 Zum Servieren die Gläser mit dem noch warmen, starken Kaffee auffüllen.

Stand Up

Zutaten

2 Eier
60 g Zucker
150 ml Rotwein
3 El gemahlenen Bohnenkaffee
3/8 l Wasser

Zubereitung

1 Die Eier trennen. Den Zucker auf das Eigelb geben und gut schlagen. Zwei Drittel des Rotweins dazugeben.

2 Den gemahlenen Kaffee im Wasser bereiten.

3 Den noch heißen Kaffee in geeignete Gläser aus Jenaer Glas mit Holz-, Flecht- oder Silbereinfassung zum Anfassen geben.

4 Das Eiweiß steif schlagen, unter den Rotwein geben und die Gläser damit auffüllen.

5 Den verbleibenden Rotwein auf die Gläser verteilen.

6 Das Getränk mit Strohhalm servieren.

Rum-Eier-Mokka

Zutaten

4 Eier
2 El Staubzucker
1 Päckchen Vanillezucker
4 Tassen starker Mokka
4 El Rum
Eiswürfel

Zubereitung

1 Die Eier mit dem Staub- und Vanillezucker und dem Rum ausdauernd schlagen.

2 Den warmen starken Mokka langsam dazugeben.

3 Zum Servieren Eiswürfel auf Gläser verteilen und mit dem Rum-Eier-Mokka auffüllen.

Müggelperle

Zutaten

1/2 l Milch
1/4 l starker Teeaufguss
1 Schoppen Sanddornsaft
1 Päckchen „Komet-Eispulver" Vanillegeschmack

Zubereitung

1 Die Milch mit dem Tee und dem Sanddornsaft vermischen und das Eispulver einrühren.

2 Das Getränk gut kühlen und in Gläsern anrichten.

Eier-Tee

Zutaten

1/2 l Milch
2 El Zucker
2 Tl grusinischer Tee
3 Eigelb

Zubereitung

1 Die Milch mit dem Zucker aufkochen und über den Tee gießen.

2 Die Mischung fünf Minuten ziehen lassen und dann abseihen.

3 Den Tee mit den drei verquirlten Eigelb verrühren und in attraktiven Gläsern anrichten.

Kuba Tee

Zutaten

4 Scheiben Ananas
Zucker
4 cl Rum
3 Tl grusinischer Tee
1/2 l Wasser
1 Zitrone
Eiswürfel

Zubereitung

1 Die Ananas würfeln (ersatzweise Stückchen aus der Dose), mit Zucker bestreuen und zugedeckt einen Tag in Rum marinieren.

2 Den Tee mit kochendem Wasser überbrühen und ziehen lassen.

3 Nach dem Erkalten den Tee mit dem Saft der ausgepressten Zitrone abschmecken.

4 Eiswürfel auf Gläser verteilen, die gezuckerten Ananasstücke einfüllen und mit dem gut gekühlten Tee aufgießen.

Eis-Tee

Zutaten

1/2 l Tee
Zucker
eisgekühltes Selterswasser
Eiswürfel
Zitronenscheiben

Zubereitung

1 Den Tee kalt werden lassen und nach Geschmack süßen. Anschließend in Gläser gießen.

2 Den Tee nach Bedarf noch mit eiskaltem Selterswasser auffüllen und mit Zitronenscheiben versehen.

3 Den Eis-Tee mit Strohhalm servieren.

Weinbrand-Eis-Tee

Zutaten

3 Tl grusinischer Tee
1/2 l Wasser
4 cl „Goldkrone" Weinbrand
Eiswürfel
Zucker
1 Zitrone

Zubereitung

1 Den Tee mit heißem Wasser überbrühen und ziehen lassen. Anschließend erkalten lassen.

2 Die Eiswürfel auf Gläser verteilen, Weinbrand eingießen, mit Tee auffüllen und nach Geschmack süßen. Mit Zitronenscheibe servieren.

Imker-Tee

Zutaten

3 große Tassen schwarzer Tee
1/2 Tasse Bienenhonig
1 Tasse Wodka
Vanillezucker

Zubereitung

1 Den Tee mit dem Bienenhonig und dem Wodka verrühren.

2 Die Teemischung stark erwärmen, ohne sie zum Kochen zu bringen.

3 Den Tee nach Geschmack mit Vanillezucker süßen.

4 Den Imker-Tee in kleinen Gläsern servieren.

Ein guter Tropfen
VEB NORDBRAND NORDHAUSEN

Hoch-prozentige Durst-löscher

Kumpel erhielten ein Spirituosen-Deputat

Blauer Würger und Kumpeltod

Das „Engpass“-Land DDR, womit in der SED-Terminologie die auftretenden Probleme zwischen Planvorgabe und Planerfüllung auf der einen Seite und den Verbraucherwünschen und Verbraucherkäufen auf der anderen Seite umschrieben wurden, hatte keine Probleme mit der Alkoholversorgung seiner Bevölkerung. Die Regale von Konsum und HO waren mit Bier, Wein, Likör und vor allem mit Spirituosen gefüllt, dazu gab es in den Wohnblöcken Alkoholverkaufsstellen, von Privatleuten betrieben, die sich damit einen kleinen Nebenverdienst eröffneten, und die vor allem die Nach-Feierabend-Versorgung der durstigen Bevölkerung sicher stellte. Offensichtlich war die DDR-Führung, die ja fast täglich den Unmut der Bevölkerung über die Versorgungslage im Lande zu spüren bekam, nicht gewillt, auch noch wegen mangelnder Alkoholversorgung angeprangert zu werden.

Spirituosenland

Wenn man die Welt in Wein- und Bierländer unterscheiden will, so gehören Frankreich, Italien und Spanien zweifelsohne zu den Weinländern, Tschechien und Deutschland eher zu den Bierländern – aber die DDR konnte zweifelsfrei als Spirituosenland eingestuft werden.

Der „große Bruder“ Sowjetunion sollte für die DDR in allem Vorbild

sein. Doch die Lebensgewohnheiten in der Sowjetunion hatten so ihre Tücken, vor allem die Trinkgewohnheiten des großen Brudervolkes. Den DDR-Oberen bereitete der zunehmende Alkoholkonsum in der Republik große Sorge. Man fürchtete Auswirkungen auf die allgemeine Moral der Bevölkerung, auf ihren Arbeitswillen und auf die Gesundheit der Menschen. Zumindest reichte das Gesundheitsargument als Vorwand aus, um die Spirituosenpreise anzuheben – obwohl man ansonsten aus grundsätzlichen politischen Gründen auf Preisstabilität achtete. So kostete ab 1. Februar 1971 die 0,7 l Flasche Nordhäuser Doppelkorn statt 13,50 Mark nunmehr 17,60 Mark und der Preis für 1 Liter des allseits so beliebten „Primasprit", einem lebensmitteltauglichen 96%igen Alkohol, der sich vorzüglich zur Herstellung selbst gefertigter Schnäpse und Liköre eignete, stieg in dem gleichen Zeitraum von 26,50 Mark auf ganze 34,50 Mark. Zudem gab es „Primus", einen Wodka mit immerhin 56%vol. Alkohol, der nicht ganz preiswert war, nun aber umso häufiger für selbst gemachte Liköre verwendet wurde. Seit es den Primus-Wodka republikweit gab, wurde der bis dahin frei verkäufliche und viel billigere reine Alkohol „Primasprit" ganz aus den Regalen von HO und Konsum genommen.

„Primasprit" spielte auch für die Soldaten der NVA (Nationale Volksarmee) eine große Rolle. Gerne wurde die so genannte „Alkbüchse" („Alk" = Alkohol) präpariert, mit der sich schmackhafter Obstschnaps in die Kaserne schmuggeln ließ. Hierzu besorgten sich die Soldaten Obstkonserven, am besten mit Ananasstücken oder Pfirsich. Sie lösten das meist nur an der Nahtstelle verklebte Etikett vorsichtig ab und drückten mit einem Dorn, wegen der Späne nicht mit einem Bohrer, am oberen Dosenrand im Bereich, den das Etikett bedeckte, an zwei gegenüberliegenden Seiten ein 2-3 mm großes und gegenüber ein ganz kleines Loch ein. Aus dem größerem Loch ließen sie den Fruchtsaft ab, das kleinere Loch diente zum Luftausgleich. Durch das größere Loch wurde nun mit einem Trichter hochprozentiger Schnaps eingefüllt. Dabei musste das kleinere Loch immer mit den Fingern zugehalten werden und durfte nur geöffnet werden, damit Schnaps nachfließen konnte. Schmackhaft war es, hierfür hochprozentiges Obstwasser zu nehmen, effektiver war allerdings „Primasprit". Als es gegen Ende der DDR keinen „Primasprit" mehr gab, besorgten sich die Soldaten über Beziehungen 95%igen Schnaps aus Polen oder den dort so beliebten 45%igen „Hunter Wodka". Hatte man Hochprozentigen wie den „Pri-

masprit" für die Alkbüchse, so ließ sich der Doseninhalt später auf 1,5 Liter hochwertiges gut schmeckendes Getränk mit annähernd 32% Akohol und leckeren Fruchtstückchen auffüllen.

Wenn Weihnachten naht …

Besonders besorgt war die DDR-Führung um die Alkoholversorgung zu den Weihnachtsfeiertagen – man wollte sich nichts nachsagen lassen. Auch wenn von der Weihnachtsgans bis zum Adventsstollen vieles in der DDR schwer zu haben war, Hochprozentiges sollte es reichlich geben. Anfang Dezember eines jeden Jahres wurde dafür in der Versorgungskommission die so genannte Weihnachtsversorgung behandelt. Hier legte der Minister für Handel und Versorgung dar, welche „Engpässe" seiner Auffassung nach noch bestanden. Und dann wandte sich die Staatliche Plankommission an die Abteilung „Kommerzielle Koordinierung" des Ministeriums für Staatssicherheit, jene in der Grauzone der DDR zur Devisenbeschaffung wirkende Organisation unter Alexander Schalk-Golodkowski, die dann für die „Aktion Weihnachtsteller" tief in die Tasche greifen musste, um für ausreichend Wein und Sekt aus Spanien, Frankreich oder Westdeutschland zu sorgen. Nur bei Schnaps war man weitgehend autark. Und da sich die DDR auf diesem Sektor kaum am Weltmarkt bediente, musste die einheimische Industrie immer neue Destillate entwickeln, um international einigermaßen auf dem Laufenden zu bleiben – und so zur Bereicherung der ostdeutschen Getränkepalette beizutragen. Neben den klassischen Spirituosen wie Kristall-Wodka oder Nordhäuser Doppelkorn – die die Wende überdauerten – warben auch so exotische Angebote wie Sabalita und Sabrina Tropic um die Gunst des Verbrauchers. Da wundert es nicht, dass die DDR-Bürger ihren Schnapsverbrauch, der 1960 noch vier Liter pro Kopf betrug, bis 1989, dem letzten Jahr der DDR, auf das Weltspitzenniveau von sechzehn Litern pro Kopf steigerten!

Zu viel des Guten …

Nach offizieller Auffassung war Alkoholmissbrauch dem Sozialismus wesensfremd. Unmäßiger Alkoholgenuss kam daher zunächst nur in den Berichten der Verkehrspolizei vor. Aber jeder wusste auch von Entzugskliniken in der DDR – Ende der 80er Jahre gab es in der DDR 50 Suchtkliniken und 250 Beratungsstellen für Alkoholabhängige. Dennoch verstand sich die DDR grundsätzlich als „nüchterne Republik" – doch stieg der Alkoholverbrauch in den 60er Jahren so alarmierend, dass in den Berichten der Partei „gesundheitsgefährdende Ausmaße" befürchtet wurden. Der Staat versuchte dieser Entwicklung Einhalt zu gebieten. Am 1. Februar 1971 reagierte der DDR-Ministerrat mit einer saftigen Preissteigerung für „harte“ Getränke. Der Absatz von Wein und Bier stieg jedoch nur kurzzeitig. Nicht jedem schmeckte der heimische Gerstensaft. Schon 1957 hatte ein Großversuch mit Gerstenflocken das Ende des Deutschen Reinheitsgebotes für manche Biere in der DDR besiegelt. Aus Gründen der Sparsamkeit durfte Malz durch Gerstenflocken, Reis- und Maisgrieß sowie Zucker ersetzt werden. Vielen Bieren sah man diese Sparsamkeit auch an, sie waren trübe. Trugen die bekannten Biersorten den Zusatz „Export“ – so war das leider meist sehr wörtlich zu nehmen. Radeberger und Wernesgrüner fand man in den beliebten Kaufhallen fast nie und wurden so zu einer eigenen Währung im Besorgen von Mangelwaren. Richtiges Geld musste jedoch die staatliche Plankommission hin und wieder für „Blitzimporte“ einsetzen. Die „Aktion Weihnachtsteller“ sorgte z.B. für

Wein und Sekt aus Spanien, Frankreich oder Westdeutschland.

Der Widerspruch zwischen Alkoholproduktion und Alkoholgefährdung blieb bis zum Ende der DDR-Zeit erhalten. Da nützen auch keine ermahnenden Worte der Ernährungswissenschaftler, da nützte es auch wenig, dass Alkohohlgenuss vor Fahrtantritt mit dem PKW verboten war und dass man schon ab 0,3 Promille Alkohol im Blut am Steuer mit empfindlichen Strafen rechnen musste. Dagegen half das 11. Gebot: „Du darfst dich nicht erwischen lassen!“

Übrigens – mit Hochprozentigem konnte die DDR zunehmend Geschäfte im Westen machen. Da die DDR-Spirituosenmarken im Westen nicht bekannt waren, kam die Ostware meist als Handelsware in den westdeutschen Handel. Hier fristete sie ein trauriges Dasein im unteren Preissegment, denn westdeutsche Käufer sind gerade bei Alkoholika sehr markenbewusst. Doch das kratzte die DDR-Führung wenig, Hauptsache der (West)Rubel rollte.

Sprit und Akzise

Die Palette der Alkoholika war groß in der DDR – und es gab wie überall bessere und andere Sorten. Heiß begehrt war der Nordhäuser Korn.

Aber es gab auch Kristall Wodka, der zu den schlichteren Schnapsarten aus dem DDR-Angebot zählende „Blaue Würger", der seinen Spitznamen dem blauen Etikett verdankte. Böse Zungen behaupten, dass man nach Einsendung von hundert solcher blauen Etiketten bei der Krankenkasse einen Blindenhund gestellt bekam …

Jedenfalls war Kristall Wodka keine Bückware, sondern ging nicht nur flaschenweise, sondern auch kartonweise über den Ladentisch. Kein Wunder, dass solch ein Produkt auch in das Liedgut der DDR einging, wie etwa durch den Texter Christian Koch, der das Lied vom Blauen Würger und dem Blindenhund 1984 schrieb:

Das Lied vom Blauen Würger

Eine Flasche Blauen Würger,
trinken wir im handumdrehn,
und für jeden ganz normalen Bürger,
kostet der nur vierzehn-zehn,
eine Flasche Blauen Würger,
trinken wir, der macht nicht fett,
im Gegenteil, jeder Bürger,
sieht dann aus wie's Etikett.

Die zweite Flasche Blauen Würger,
trinken wir im fußverdrehn,
und jeder ganz normale Bürger,
kann dann nicht mehr richtig stehn,
die zweite Flasche Blauer Würger,
die wirkt ganz unverzagt,
man sagt dann solche heißen Sachen,
die man sonst wohl niemals sagt.
Die dritte Flasche Blauen Würger,
trinken wir kaum noch im stehn,
und jeder ganz normale Bürger,
kann dann nicht mehr richtig sehn,
die nächsten Flaschen Blauen Würger
trinken wir und denken uns nichts bei,
denn für jeden ganz normalen Bürger,
gibt's den Blindenhund dann frei.

Auch die DDR-Band Armor & Die Kids hat sich mit dem Thema „Blauer Würger" befasst (1988):

Blauer Würger

Es ist mal wieder Freitagabend
Was fange ich nur mit mir an?
Ein Schnäpschen wäre richtig labend
Erquickend frisch für einen Mann
Das Zeug benebelt meine Sinne
Die Welt verfärbt dann ihr Gesicht
Ich spüre stark den Trieb der Minne
Doch leider bringe ich es nicht
Da trink ich eine Flasche Blauen Würger
Auf ex mit meinem besten Freunde aus
Der ist in Wilthen Ehrenbürger
Wir fliegen tief den Weg nach Haus

Drei weitere Strophen hat das Lied – leider steigt der Held nach dem Genuss des Blauen Würgers in sein Auto, fährt in ein Miederwarengeschäft und wird von der Polizei geschnappt.

Eine weitere Spezialität der DDR-Spirituosenindustrie war der akzisefreie Trinkbranntwein für Bergarbeiter. Zu den allermeisten Zeiten waren die im Bergbau Beschäftigten gegenüber anderen Berufstätigen privilegiert. Sie vertreten einen der wichtigsten Zweige der Wirtschaft, der die Grundlage der weiteren industriellen Betätigung bildete. Deshalb

wurden und werden Bergarbeiter auch angesichts ihrer schweren Arbeit nicht nur gut entlohnt – in der DDR wurden sie zusätzlich auch mit weiteren Vorteilen bedacht, wozu Sonderzahlungen, Deputate und neben anderem auch der Bezug akzisefreien Trinkbranntweins gehörte. Von diesem Trinkbranntwein erhielten die DDR-Bergarbeiter pro Monat einen Liter für 3,45 Mark gegen Bezugsschein. Schmuckloses Etikett und Kronkorkenverschluss kennzeichneten diese Flaschen. In diesem Zusammenhang muss man das Bergbaumuseum Knappenrode gesehen haben. Auf dem Areal der einstigen Brikettfabrik findet man Exponate zur Industriegeschichte des letzten Jahrhunderts, unzählige Zeitdokumente vorrangig von Kumpeln aus der Region mühsam zusammengetragen. Es gibt auch einen Abenteuer-Stollen und echten „Kumpeltod" – aus Anlass einer Sonderausstellung zur Bergmannsentlohnung wurden noch einmal 100 Flaschen Bergmanns-Deputat-Schnaps in original etikettierte Flaschen gefüllt.

Waren Bergarbeiter in der DDR im Allgemeinen ohnehin schon privilegiert, so galt dies im Besonderen für die Wismut-Bergarbeiter, die Uran für das sowjetische Atomprogramm produzierten. Wismut war ein Staat im Staate DDR. Die einstige SAG (Sowjetische Aktiengesellschaft) war 1954 in die SDAG (Sowjetisch-Deutsche Aktiengesellschaft) umgewandelt worden, es entwickelte sich ein nach außen abgeschirmtes Wirtschaftsuniversum mit Schächten, Aufbereitungsstätten, Abraumhalden, aber auch mit eigenen Siedlungen, eigener Parteiorganisation, Feriendienst, Krankenhäusern – und noch mehr akzisefreiem Trinkbranntwein. „Kumpeltod" nannten die Wismut-Leute das Gesöff mit 32%vol. Alkohol. Krebs und Alkoholismus waren als Gefahren nicht bewusst – aber der Trabi, auf dessen Kauf die DDR-Normalbürger eine mehrjäh-

Bergarbeiter fanden Erholung in speziellen FDGB-Heimen

rige Wartezeit hatten, stand schneller vor der Haustür, die Neubauwohnung war rascher zu haben, die Wismut-Kaufhallen waren besser bestückt als die anderen in der DDR und vieles andere mehr …

Die gängige Weinbrandmarke der DDR hieß „Goldbrand“. Doch dieser Branntweinverschnitt war im eigentlichen Sinne gar kein Weinbrand, obwohl er sogar gerne als Kognac bezeichnet wurde. Golbrand enthielt nämlich nur 10 % echten Weinbrand. Der Alkoholgehalt betrug 32%vol., der durch Zusatz von reinem Gärungsalkohol wie Primasprit, oder Feinsprit erzielt wurde. Die leicht dunkelbräunliche Färbung erreichte man durch Zusatz von Zuckercouleur. Goldbrand wurde in mehreren Spirituosenbetrieben der DDR hergestellt, doch Hauptlieferant war der VEB Nordbrand Nordhausen. Der Preis pro Flasche betrug 14,50 Mark. Immer erhältlich ging dieses auch liebevoll „Goldi“ genannte Erzeugnis kartonweise über den Ladentisch. Allerdings spürte man schon bei mäßigem Genuss die Nachwirkungen am nächsten Morgen im Kopf. Inzwischen gibt es Goldbrand von mehreren Herstellern aus Ost und West, ebenfalls als Verschnitt mit meist 30%vol. Alkohol – und weil er nach wie vor kein Weinbrand ist, darf er auch nicht als solcher bezeichnet werden.

Ein echter Weinbrand war Amitié aus dem VEB Nordbrand Nordhausen. Die Flasche kostete 22,00 Mark, war also recht teuer, aber sehr beliebt.

„Nordhisser Branntewyn“

VEB Nordbrand – größter Spirituosenhersteller Europas

In Nordhausen hat die Brennerei lange Tradition. Der Ursprung der Stadt geht auf das 10. Jahrhundert zurück. Kaiser Friedrich II. verlieh Nordhausen 1220 den Status einer freien Reichsstadt, was den wirtschaftlichen Aufschwung der folgenden Jahrhunderte begründete. In einem Erlass von 1574 erlaubte der Rat bestimmten Brennern ausdrücklich das Branntweinbrennen und erlegte ihnen eine halbjährliche Abgabe an die Stadtkasse auf. Die Kornbrennerei löste nach dem Dreißigjährigen Krieg hier den Branntwein ab, da die Weinberge der Umgebung zusehends verfielen. In der zweiten Hälfte des 17. Jahrhunderts entstanden zahlreiche neue Brennereien, die mit der beim Brennen verbleibenden Schlempe Schweine fütterten – eine attraktive Nebeneinnahme. Zu Beginn des 18. Jahrhunderts gab es in Nordhausen 69 Brennereien, die jährlich 1,3 Millionen Liter Branntwein erzeugten. Die große wirtschaftliche Bedeutung des Kornbrandes veranlasste den Rat der Stadt Nordhausen 1789, eine Art Reinheitsgebot für die Kornbranntweinherstellung festzulegen, nach der nunmehr zur Herstellung von Branntwein fortan wenigstens zwei Drittel Roggen oder Korn verwendet werden mussten und höchstens ein Drittel Gerste oder Malz verwendet werden durften.

Das 19. Jahrhundert bescherte den Nordhäuser Kornbrennereien wechselhafte Geschäftsverläufe. Die Kartoffelbrennerei entwickelte sich in diesem Jahrhundert zu einem weiteren Produktionszweig. Die Firmen Karl Sturm & Co. in der Erfurter Straße und AG Leissner & Co. in der Wertherstraße gehören zu den Wurzeln der Nordbrand Nordhausen GmbH. Diese kauften Kartoffelsprit auf, reinigten ihn und verkauften den Feinsprit an die Brennereien weiter. 1904 erfolgte der Zusammenschluss der meisten Nordhäuser Brenner zur „Vereinigung der Nordhäuser Kornbranntwein-Fabriken e.V.“. Doch der Erste Weltkrieg brachte einen erneuten Rückschlag. Kaum hatte sich die Wirtschaft erholt, bereitete die Weltwirtschaftskrise Probleme. Und dann wurde Nordhausen in der Nacht vom 3. zum 4. April 1945 von Bombern der westlichen Alliierten fast völlig zerstört – von den Brennereien der Stadt hatten nur neun den Angriff unzerstört überstanden.

Schon bald nach dem Krieg setzte die Spritherstellung wieder ein, doch die sowjetische Zwangsverwaltung behielt die Erzeugung unter ihrer Kontrolle. Die Beendigung der sowjetischen Zwangsverwaltung am 1. Juni 1948 stellt die Geburtsstunde der Nordbrand Nordhausen GmbH dar. Mit der Zentralisierung der DDR-Wirtschaft stieg Nordbrand zum größten und leistungsfähigsten Spirituosenhersteller der DDR auf. Erhebliche Investitionen wurden im Betrieb vorgenommen, so konnte beispielsweise 1986 die Brennerei II in der Erfurter Straße in Betrieb genommen werden. Nach der Wende verselbständigte sich Nordbrand und ging den Weg in die Selbständigkeit, zunächst mit der Treuhandanstalt Berlin als Gesellschafter – 1991 wurde dann die Nordbrand Nordhausen GmbH zu einem 100prozentigen Tochterunternehmen der Eckes AG. Nachdem zunächst im Zuge der wirtschaftlichen Umstrukturierung die Umsätze zurückgingen, begann der Siegeszug des Nordhäuser Doppelkorns auf dem gesamtdeutschen Markt, sicherlich gefördert durch die preisgekrönte Werbung mit dem Roggenkörner pickenden Huhn Henriette. Seit 1994 steht das historische Gebäude der Brennerei Besuchern als ein noch arbeitendes technisches Museumsdenkmal mit eigenem Brennrecht offen.

Leistungsübersicht des größten Spirituosenherstellers der DDR

Amitié wurde wie französischer Cognac gebrannt, ohne die Süße, die so vielen DDR-Getränken eigen war.

Doch eigentlich kommt der Weinbrand aus Wilthen. Hier wurde erstmals in der 1842 von Brennmeister Christian Traugott Hünlich gegründeten Cognac-Brennerei im sächsischen Wilthen Weinbrand gebrannt. Zur Weltausstellung 1900 in Paris gab es dafür eine Goldmedaille. Das Erzeugnis musste dann später zur Unterscheidung vom französischen Original als „Deutscher Weinbrand" gekennzeichnet werden. Aber das Fass mit der Aufschrift „Cognac", dass die Wilthener Cognac Brennerei damals in Paris präsentierte, ist noch erhalten. Im Jahre 1977 wurde zu DDR-Zeiten hier „Wilthens Goldbranntwein" kreiert, der sich dann im Laufe der Jahre als Goldbrand vieler volkseigener Brennereien zur meist verkauften Spirituose der DDR entwickelte. Heute ist der ehemalige VEB Wilthen mit der Hardenberg'schen Kornbrennerei zusammengeschlossen und vertreibt unter anderem unter der Bezeichnung Wilthener Goldkrone eine 28%ige Spirituose, die nach alter Tradition mit einem großen Anteil hochwertiger Weindestillate hergestellt wird. Aus Wilthen, der „Stadt des Weinbrandes", kam übrigens auch der Weinbrand Grand Reserve, kein Verschnitt, dafür für stolze 38 Mark die Flasche nur über Delikat-Läden im Verkauf. Gleichfalls nur zum Verkauf über Delikat-Läden wurde vom VEB Weinbrennerei Meerane der Weinbrand „Grand Senior" produziert, kein Verschnitt aber für ebenfalls sagenhafte 32 Mark die Flasche.

Arbeiterinnen in der Abfüllanlage

Ein Hauch von Schottland

Bei so einem breiten Schnapsangebot in der DDR durfte Whisky nicht fehlen. Und in der Tat wurde im Osten auch Whisky hergestellt, richtiger „Ossi Scotch“. Dafür suchte man sich die 1759 in Luckenwalde von Johann Christian Falckenthal gegründete Likörfabrik aus. Der zu DDR-Zeiten lebende Nachfahre des Firmengründers Curt Wilhelm Falckenthal wurde beauftragt, mit den der DDR zur Verfügung stehenden Mitteln einen Whisky zu komponieren, der in etwa schottischen Vorbildern entsprach – es gelang ihm nach reiflichem Testen verschiedener schottischer Whisky-Sorten, denn sein Produkt „Der Falckner“ fand guten Absatz in der DDR, hergestellt durch den „VEB Edelbrände und Spirituosen Luckenwalde“, wie die Falckenthaler Fabrik nun firmierte. Auch der große VEB Bärensiegel Berlin stellte sowohl Whisky unter dem Namen „Old Joe Silver“ als auch Fruchtwhiskys wie Kirsch-Whisky her. Der VEB Edelbrände und Spirituosen Luckenwalde nahm dann auch noch den Malzwhisky „Oldmaster“ ins Programm auf, der dazu erdacht war, Devisen im Exportgeschäft zu bringen.

Nach der Wende konnte die Familie Falckenthal ihre ehemalige Likörfabrik von der Treuhand zurück erwerben, behauptete sich aber mit ihren neuen Produkten nicht im Markt. Ganz zum Schluss gab es noch eine Sonderabfüllung „Der alte Falckner dest. 1987, bottled 1994“, doch auch dieses Produkt konnte nicht das Ende der Firma und den Verkauf an die Berentzen Brennerei aufhalten.

Wodka aus St. Petersburg

Schilkin Wodka aus Petersburg wurde am Zarenhof hoch geschätzt, doch nach der russischen Revolution musste Apollon Fredrowitsch Schilkin seine Heimatstadt samt seiner Familie verlassen und fand in den 20er Jahren des vorigen Jahrhunderts eine neue Heimat in Berlin. 1932 begann dann die Schilkin Spirituosenherstellung auf dem Gelände des Gutshofs Alt-Kaulsdorf – der bekannteste Besitzer dieses Gutes war 1782-85 der Berliner Chemiker Franz Carl Achard, der als Erster Zucker aus Rüben gewann. 1945 übernahm Sergej Schilkin den durch den Krieg fast vollständig zerstörten elterlichen Betrieb und nahm unter schwierigen Bedingungen die Nachkriegsproduktion auf. Im Jahre 1972 wurde auch dieses traditionsreiche Familienunternehmen enteignet und in den VEB Schilkin überführt. Im Zuge der Wende wurde Sergej Schilkin im Alter von 75 Jahren wieder Eigentümer seiner Firma, die er als Schilkin GmbH & Co. KG Berlin weiterführte. 1992 ging Sergej Schilkin endgültig in den Ruhestand und die Firma wurde von Familienmitgliedern übernommen, die in St. Petersburg erneut die „Schilkin – Dagwino St. Petersburg“ gründeten und dort den „Zarenwodka“ zu neuem Leben erweckten.

Nicht in allem mochte es die DDR-Staatsführung den Führern des sowjetischen Brudervolkes gleich tun. Der erste Mann im DDR-Staat stieß bei Banketten und politischen Treffen mit den Sowjetführern meist mit alkoholreduziertem Schnaps an. Der achtprozentige Alkohol wurde von einer Spezialabteilung im VEB-Bärensiegel extra für ihn produziert und dann in normale Flaschen umgefüllt.

Hochprozentige Durstlöscher:

Rezepte

Cocktail Viola

Zutaten

2 cl Rum
1 cl Curaçao
1 cl „Gotano" Wermut
1 El Orangensirup
etwas Zitronensaft
1 Scheibe Zitrone
1 Kirsche
Eiswürfel
unbehandelte Zitronenschale

Zubereitung

1 Rum, Curaçao, Wermut, Sirup und Zitronensaft in einem Behälter mit Eiswürfeln mischen.

2 In ein Cocktailglas eine Kirsche geben, mit dem Mixgetränk auffüllen und mit der Zitronenscheibe verzieren. Zur Abrundung noch etwas Zitronenöl hineinspritzen, indem man eine Zitronenschale über dem gefüllten Glas ausdrückt.

Mokkaflip

Zutaten

4 cl „Goldkrone" Weinbrand
4 cl Gin
1 Tl Zucker
1 Eigelb
1 Tl Pulverkaffee „Presto"
Zitrone
Eiswürfel

Zubereitung

1 Den Weinbrand mit dem Gin, Zucker und Eigelb in einem Becher gut vermischen.

2 Die Eiswürfel in den Mixbecher geben, dazu einen Spritzer Zitrone. Die Weinbrandmischung zugeben und schütteln.

3 Den Mokkaflip mit Pulverkaffee bestreut servieren.

Anmerkung

- Für einen besonders leckeren Mokkaflip nahm man zu DDR-Zeiten den hochpreisigen, echten Amitié-Weinbrand des VEB Nordbrand Nordhausen – keinen Verschnitt.

Grog

Zutaten

1/8 l Wasser
1-2 Stück Zucker
6 cl Rum

Zubereitung

1 Das Wasser zum Kochen bringen.

2 Den Zucker in ein Grogglas geben.

3 Das kochende Wasser darüber gießen und so lange umrühren, bis sich der Zucker aufgelöst hat.

4 Abschließend den vorgewärmten Rum eingießen.

Anmerkung

- Als der englische Admiral Vernon im Jahre 1740 befahl, an die Seeleute auf den Schiffen der Navy die Rumration nur noch mit Zuckerwasser vermischt auszugeben, war dies die Geburtsstunde des Grogs, der später zu einem „Standardgetränk“ an der Nord- und Ostseeküste wurde.
- An der Waterkant sagt man seither: „Rum muss sein, Zucker kann sein, Wasser muss nicht sein!“

Karibik Melodie

Zutaten

2 cl Curaçao
2 cl Weinbrand oder Rum
1 Päckchen „Komet-Eispulver“ mit Kakaogeschmack
1/2 l starker Mokka
1/2 l Milch
Eiswürfel

Zubereitung

1 Den Curaçao mit Weinbrand oder Rum, dem Mokka und der Milch mit Eiswürfeln mixen.

2 Anschließend das Eispulver dazugeben und alles kräftig durchrühren.

3 Den Drink in Cocktailschalen mit Strohhalm anrichten.

Havannamädchen

Zutaten

4 cl Whisky „Der Falckner"
4 El Zitronensaft
1 Dose Mangosaft
3/4 l Milch
1 Päckchen „Komet-Eispulver" Vanillegeschmack
Eiswürfel

Zubereitung

1 Den Whisky mit Zitronensaft, Mangosaft und der Milch mit Eiswürfeln mixen.

2 Anschließend das Eispulver dazugeben und den Drink kräftig umrühren.

3 Den Drink in Cocktailgläsern mit Strohhalm anrichten.

Anmerkungen

- Am beliebtesten war der Whisky „Der Falckner" des VEB Edelbrände und Spirituosen Luckenwalde, 43%vol. Alkohol zum Abgabepreis von 27 Mark für die 0,7-Liter-Flasche.
- Mangosaft war zu DDR-Zeiten höchstens im Intershop erhältlich – alternativ vermerkt DDR-Fernsehkoch Drummer, dem wir dieses Rezept verdanken, dass auch ein anderer Fruchtsaft Verwendung finden kann.

Whisky-Crusta

Zutaten

2 cl Whisky "Der Falckner"
1 Glas Wermut „Gotano"
Zucker
Zitronensaft
1 Kirsche

Zubereitung

1 Den Rand eines Tumblers 1 Zentimeter breit mit Zitronensaft anfeuchten und in Zucker tauchen, damit ein Zuckerrand entsteht.

2 Whisky und Wermut kühlen, in das Glas geben, sanft umschwenken und mit Zitronensaft abschmecken.

3 Den Whisky-Crusta mit einer Kirsche garniert servieren.

SEIT

Cocktail Parisiana

Zutaten

1 Stück Würfelzucker
2 cl Curaçao
1 El Zitronensaft
2 cl Wermut „Gotano"
Sekt
1 Zitronenscheibe
Eiswürfel

Zubereitung

1 In eine Sektflöte 1 Stück Würfelzucker geben und mit Curaçao auffüllen, bis der Zucker gerade bedeckt ist. Den Zitronensaft dazugeben.

2 Den Wermut dazugeben und den Drink mit Sekt auffüllen.

3 Eiswürfel nach Belieben dazugeben und den Glasrand mit einer Zitronenscheibe verzieren.

Promonter Cocktail

Zutaten

100 ml Promonter Gold Wein
1 cl Weinbrand
1 cl Kirschwasser
1 Kirsche
Zitronenschale
Eiswürfel

Zubereitung

1 Den Wein mit einem Spritzer Weinbrand und Kirschwasser auf Eis mischen.

2 Anschließend den Cocktail in ein Glas abfüllen und je 1 Cocktailkirsche in den Drink geben.

3 Zitronenschale auf den Cocktail reiben und servieren.

Side Car

Zutaten

Saft von 1/2 Zitrone
2 cl Weinbrand „Goldkrone“
2 cl Curaçao
1 Sauerkirsche

Zubereitung

1 Den Saft der halben Zitrone mit dem Weinbrand und dem Curaçao auf Eis mischen.

2 Den Cocktail in ein Glas seihen und mit einer Sauerkirsche im Glas servieren.

Anmerkung

- Das Originalrezept stammt vom Starmixer Mac Garry aus Buck’s Club in London, der hierfür zwei Teile Armangnac mit zwei Teilen Cointreau und einem Teil Zitronensaft in einem Shaker schüttelt und den Inhalt in ein Cocktailglas seiht.

Manhattan Cocktail

Zutaten

4 cl Whisky
1 cl Wermut
1 Spritzer Angostura
Eis
Zitronenschale
1 Olive

Zubereitung

1 Whisky, Wermut und Angostura im Mixglas mit einem Barlöffel auf Eis mischen, bis der Mix gut gekühlt ist.

2 Den Cocktail in ein Glas seihen, in das eine Olive eingelegt ist.

3 Den Cocktail mit der Zitronenschale abspritzen und kühl mit einem Fruchtspieß für die Olive servieren.

Mirabell

Zutaten

Saft einer Apfelsine (bzw. Orangensirup)
4 cl Wermut „Gotano"
1/2 Glas Sekt
etwas Curaçao
2 cl Gin

Zubereitung

1 Den Saft der Apfelsine, oder – falls nicht verfügbar – den Orangensirup mit dem Wermut, Sekt, Curaçao und Gin gut mixen und gekühlt servieren.

Mazagran

Zutaten

1 El zerstoßene Eiswürfel
1 El Weinbrand „Goldkrone"
1 Tasse starker gesüßter Mokka

Zubereitung

1 Die Eiswürfel in ein Glas füllen und den Weinbrand darauf geben.

2 Den Mokka abkühlen lassen, darauf gießen und kurz umrühren.

3 Mazagran mit einem Strohhalm servieren.

Anmerkung

- Eigentlich wird Mazagran mit Maraschino, dem klaren Branntwein aus der Maraska-Kirsche aus Jugoslawien, zubereitet.

Balalaika

Zutaten

Saft einer Apfelsine (bzw. Orangensirup)
Saft von 1/2 Zitrone
2 cl Curaçao
1 cl „Kristall" Wodka
Eiswürfel

Zubereitung

1 Den Apfelsinensaft, oder – falls nicht vorhanden – den Orangensirup mit dem Zitronensaft, Curaçao und Wodka mischen und gut gekühlt servieren.

Anmerkungen

- Südfrüchte waren Mangelware in der DDR – am häufigsten gab es Cubasinen aus dem sozialistischen Bruderland Kuba, die zum Essen oft zu strohig waren, sich aber gut auspressen ließen, also für Cocktails gut geeignet waren.
- Das Originalrezept zur Balalaika stammt von Starmixer K. Davis aus Dublin, der hierfür je einen Teil Orangensaft und Zitronensaft mit vier Teilen Cointreau und zwei Teilen Wodka im Shaker auf Eis schüttelt und in ein Cocktailglas seiht.

Pedro Collins

Zutaten

5 cl weißer Rum
2 cl Zuckersirup
3 cl Zitronensaft
Eis
Mineralwasser
1 Zitronenscheibe

Zubereitung

1 Den Rum mit dem Sirup und Zitronensaft auf Eis in einen Shaker geben und gut durchschütteln.

2 Den Cocktail in ein Longdrinkglas abseihen.

3 Zum Servieren mit gekühltem Mineralwasser auffüllen und mit einer Zitronenscheibe garnieren.

Anmerkung

- Mit Whisky zubereitet wird der Cocktail als „Mike Collins“ bezeichnet – dass ein Collins eigentlich im Glas gerührt wird, spielte keine Rolle.

Sputnik Cocktail

Zutaten

4 cl Wodka
2 cl russischer Weinbrand
Curaçao Orange
Krimsekt zum Auffüllen
2 cl Himbeersirup
4 cl Orangensaft
Zitronenscheibe

Zubereitung

1 Wodka, Weinbrand, 2 Spritzer Curaçao Orange, Sirup und Saft im Mixbecher auf Eis gut durchschütteln.

2 Den Inhalt in einen großen Cognacschwenker abseihen.

3 Mit Krimsekt auffüllen und mit einer Zitronenscheibe garniert servieren.

Anmerkung

- Mit dem Erdsatelliten Sputnik war der Sowjetunion ein Vorsprung vor den amerikanischen Raumfahrtbemühungen gelungen – darauf waren alle Menschen im sozialistischen Lager stolz.

White Lady

Zutaten

Saft von 1/2 Zitrone
1 cl Gin
2 cl Curaçao
1 Kirsche

Zubereitung

1 Den Zitronensaft mit Gin und Curaçao mischen und den Cocktail mit einer Kirsche im Glas servieren.

Anmerkung

- Das Originalrezept sieht drei Teile Gin auf 2 Teile Cointreau mit einem Teil Zitronensaft vor, die kurz und kräftig im Shaker geschüttelt und dann in ein Glas abgeseiht werden.

Gin Fizz

Zutaten

6 cl Gin
2 Tl Zuckersirup
Zitronensaft
gestoßenes Eis
Selterswasser

Zubereitung

1 Gin, Zuckersirup und zwei Spritzer Zitronensaft auf klein gehacktem Eis im Shaker lange und kräftig schütteln.

2 Den Inhalt in ein Trinkglas abseihen.

3 Zum Schluss den Cocktail mit Selterswasser auffüllen. Noch schäumend servieren – und sofort genießen!

Apfelkorn

Zutaten

4 Fl. (0,70 l) Apfelsaft
1 Fl. (0,70 l) „Primasprit"
1 Fl. (0,35 l) Aprikot-Brandy
1/2 Fl. Bittermandel-Aroma
1 Päckchen Vanillezucker

Zubereitung

1 Apfelsaft, Primasprit und Aprikot-Brandy gut durchmischen.

2 Bittermandel-Aroma und Vanillezucker dazugeben und alles gut gekühlt servieren.

Anmerkung

- Seit es Primasprit (96%vol. Alkohol) in der DDR nicht mehr gab, verzichtete man einfach auf 1 bis 2 Flaschen Apfelsaft und nahm anstelle des Sprits einen Obstbrand mit reichlich 50%vol. Alkohol.

Cherry Brandy Cocktail

Zutaten

2 cl Cherry Brandy
4 cl Wermut
Zitronensaft
1 Kirsche
Eiswürfel

Zubereitung

1 Cherry Brandy mit dem Wermut im Mixbecher auf Eis schütteln.

2 Den Cocktail mit einer Kirsche ins Glas geben und mit einem Spritzer Zitronenöl verfeinern.

Anmerkung

- Zitronenöl erhalten Sie, wenn Sie ein Stück Zitronenschale zwischen Daumen und Zeigefinger mit der Schale nach unten kurz ausdrücken.

Gutes aus Früchten und Kräutern

Gutes aus Früchten und Kräutern

Der Teil Deutschlands, der im früheren Sprachgebrauch als Mitteldeutschland bezeichnet wurde, hatte bis zum Zweiten Weltkrieg eine breite Palette von Spirituosen anzubieten – neben den „scharfen Sachen" vor allem auch Fruchtweine, Wermutweine sowie Frucht- und Kräuterliköre. Als Grundlage wurden unter anderem alle hierfür geeigneten Produkte verwendet, die im Lande angebaut und geerntet werden konnten.

Neben der industriellen Produktion von Schnäpsen, Likören und Weinen aus Früchten und Kräutern war die häusliche Herstellung dieser Produkte weit verbreitet. Als vorrangige Zutat gab es lange den hochprozentigen „Primasprit", den 96prozentigen Trinkalkohol des VEB Bärensiegel, der sich vorzüglich für die so genannten „Aufgesetzten" – selbst hergestellte Schnäpse und Liköre – eignete.

Als Primasprit aus welchen Gründen auch immer in den letzten DDR-Jahren nicht mehr angeboten wurde, griff man als Ersatz zu „Primus", einem Wodka mit immerhin noch 56%vol. Alkohol, der sich mindestens genauso gut für Aufgesetzte anbot. Er war zwar ein wenig teurer, aber diese verdeckte Preiserhöhung war ja unter vorgeschobenen Gesundheitsargumenten von der DDR-Staatsführung gewollt. Wer seinen Aufgesetzten nicht zu Hause produzierte, tat dies in der Datsche. Die Datschen, in denen neben Gemüse und Kartoffeln viel Beerenobst, Kernobst und Steinobst erzeugt wurde, waren die zweite Basis der häuslichen Schnaps- und Likörherstellung. Doch dienten diese Datschen, Gartenlauben oder Schrebergärten, nicht nur der Zusatzversorgung mit Obst und Gemüse, sie waren außerdem beliebter Treffpunkt unter Freunden. Hier entspannte man sich fern vom Arbeitsplatz und fern von Parteiverpflichtungen …

Rückzug in die Datsche

1977 fasste das ZK der SED einen Beschluss zur Förderung von Kleingärten

Das Kleingartenwesen in der DDR wurde misstrauisch von der DDR-Staatsführung beäugt. Kleingärtner galten als Repräsentanten einer bürgerlichen Epoche, die es zu überwinden galt, und als treue Gefolgschaft der Sozialdemokratie – und die hatte man doch eigentlich mit der Gründung der SED überwunden. Misstrauisch war die Staatsführung auch, weil man nicht überblicken konnte, was da im Einzelnen so in den Datschen vor sich ging. Und das Leben und Treiben in den Datschen ließ sich auch nur schwer überwachen. Doch musste die Staatsführung angesichts der mangelhaften Versorgungslage in der DDR bedenken, dass die Produktion der Kleingärtner in doppelter Hinsicht entscheidend zum Angebot an Frischprodukten beitrug, dies sowohl durch häusliche Ersparnis als auch durch Abgabe von Obst, Gemüse oder auch Eiern an die DDR-Distribution.

Nach dem Führungswechsel von Ulbricht zu Honecker begann sich erst auf dem IX. Parteitag 1976 abzuzeichnen, wie die neue Führung um Honecker über Kleingärten dachte. Tatsächlich fasste dann 1977 das Sekretariat des ZK der SED einen gesonderten Beschluss zur Förderung der Kleingärtner. Das bis dahin anhaltende Kleingartensterben hatte nunmehr ein Ende. Kleingärten wurden in ihrem Freizeit- und Erholungswert gewürdigt und nicht mehr vordergründig nur als landwirtschaftliche Kleinstbetriebe zur Selbstversorgung behandelt – 1,2 Millionen organisierte Kleingärtner, dazu die Besitzer von Hausgärten und Wochenendgrundstücken machten zusammen mit ihren Familien wohl mehr als die Hälfte der DDR-Bevölkerung aus!

Schüler im Einsatz als Erntehelfer

Die Obst- und Gemüse produzierenden Landwirtschaftsbetriebe waren im Zuge der Bodenreform und der Kollektivierung auch zu Landwirtschaftlichen Produktionsgenossenschaften oder zu speziellen Gärtnerischen Produktionsgenossenschaften für Sonderkulturen wie beispielsweise Sanddorn umfunktioniert worden. Insgesamt haben diese Betriebe zwar die mengenmäßige Versorgung der DDR-Bevölkerung mit Obst und Gemüse bewerkstelligen können, nur war es eine einseitige Versorgung, die primär auf Äpfeln, Kohl und Kartoffeln begründet war. Äpfel waren das mit Abstand am meisten verzehrte Obst in der DDR, und die Unlust der Bevölkerung an traditionellen Obstsorten nach der Wende hing zweifelsohne mit dieser „Überversorgung" an Äpfeln zusammen – Hauptsorte war der „Goldene Köstliche" (= Golden Delicious), dessen Verzehr man auf Dauer auch überdrüssig werden kann. Genauso reichlich gab es Kartoffeln, die aber oft Lagerschäden aufwiesen und dadurch an Geschmack verloren. Und mengenmäßig stellte im Gemüseangebot neben den Kohlsorten vor allem Wurzelgemüse das Hauptkontingent. Auch bei Gemüse fehlte also jene Abwechslung, die die Bevölkerung Westdeutschlands schon jahrzehntelang genießen durfte.

Die Ostzitrone

Es war eine tägliche Schmach für die DDR-Staatsführung, bei der Versorgung mit Südfrüchten aus Devisenmangel nicht mit dem Westen gleichziehen zu können, wo doch die eigene Bevölkerung im Westfernsehen sah, um wie viel besser es der BRD-Bevölkerung ging. So suchte die Staatsführung nach heimischen Alternativen zu Zitrusfrüchten und Bananen – und fand sie im Sanddorn, einer vitaminreichen Frucht, die sich vor allem auf Sandböden wohl fühlt, wie sie im Norden der DDR großflächig anzutreffen sind. Und wieder einmal hatte es der große Bruder Sowjetunion vorgemacht – dort wurde 1934 zielgerichtet mit der Einrichtung von Sanddornplantagen begonnen. Anbauversuche mit großfrüchtigen Sanddornsorten wurde ab Mitte der 60er Jahre in der DDR fortgeführt. Ab 1980 begann dann der feldmäßige Anbau dieser Sonderkultur. Die größte Anbaufläche wies die GPG Storchennest in Ludwigslust auf, weitere Anbauflächen gab es an der Ostseeküste, so auch auf Rügen vor allem mit den in den Siebziger Jahren in der DDR gezüchteten Sorten „Auslese Rügen", „Hergo", „Leikora", „Ascola" und „Frugana".

Die Sanddornbeeren selbst eignen sich nicht zum Frischverzehr – sie müssen verarbeitet werden – vom Pflücken bis zum Saft ist es noch ein weiter Weg. Die abgeschnittenen Fruchtäste werden abtransportiert und ein, zwei Tage Schock gefrostet. Kommen die Zweige dann in die Rüttelmaschine, fallen die Beeren ab, ohne dass der Saft austritt.

Nach der Wende wollte niemand mehr etwas von der DDR-Vitaminbombe Sanddorn wissen, wo es jetzt doch Zitronen, Apfelsinen und Bananen in Hülle und Fülle gab. So ging es auch mit den DDR-Sanddornplantagen zunächst bergab. Doch in Ludwigslust glaubte man weiterhin an Sanddorn. Aus der GPG Storchennest ging 1990 die Ludwigsluster Sanddorn-Storchennest GmbH hervor, die längst nach den Kriterien des ökologischen Landbaus bewirtschaftet wird. Mit 110 Hektar Anbaufläche ist sie bei weitem auch die größte Deutschlands.

Sanddorn verdankt seine Renaissance vor allem seiner vielseitigen Verwendbarkeit. Aus Sanddorn wird nicht nur Saft gepresst, der als Sanddornnektar angeboten wird, man kann auch wunderbaren Sanddornlikör und Sanddorngeist daraus machen. Aus Sanddorn lassen sich auch Tees herstellen, so Früchtetee, Kräutertee oder schwarzer und grüner Tee, auch Aufstriche wie Marmelade und Gelees, Süßigkeiten wie Bonbons oder Kekse – und in der Kosmetik kann Sanddorn eingesetzt werden für Sanddornseife, Sanddornkörper- und Massageöl, Lippenbalsam, Cremes, Duschbäder oder Shampoos.

Übrigens war es Nina Hagen, die dem Sanddorn 1974 in der DDR ein musikalisches Denkmal gesetzt hat: *„Hoch stand der Sanddorn am Strand von Hiddensee"* sang sie in den Anfangszeilen ihres Hits „Du hast den Farbfilm vergessen".

Sanddorn

Sanddorn (Hippophae rhamnoides), auch Weidendorn genannt, ist die einzige Art der Gattung Hippophae innerhalb der Familie der Ölweidengewächse (Elaeagnaceae). Nach den natürlichen Vorkommen unterscheidet man zwei Unterarten, eine kontinentale Binnenlandunterart und eine maritime Unterart, genügsam genug, um an den Ostseestränden und auf den Sandböden Mecklenburg-Vorpommerns und Brandenburgs zu wachsen.

Sanddorn besitzt eine strauchförmige Wuchsform und silbriggraue schmale, weidenartige Blätter. Die kleinen gelblichen Blüten werden in Mitteleuropa ungefähr im April oder Mai sichtbar, von September bis Anfang Dezember bringt die Pflanze dann die charakteristischen ovalen orange-roten bis gelben Beeren hervor.

Mit ihrem Gehalt von 450 Milligramm Vitamin C pro 100 Gramm übertrifft sie den von Zitronen und Orangen um ein Vielfaches, nur Hagebutten liegen mit einem Gehalt von 1250 Milligramm je 100 Gramm noch darüber. Als weitere Inhaltsstoffe weist der Sanddorn Beta-Karotin und Gerbstoffe, Eiweiße und Öle sowie verschiedene Mineralstoffe und weitere Vitamine auf.

Stichpimpulibockforcelorum und Schierker Feuerstein

So schillernd die DDR-Spirituosen waren, so schillernd waren auch teilweise ihre Produktbezeichnungen – so gab es unter den Kräuterlikören so seltsame Namen wie Schierker Feuerstein oder gar Stichpimpulibockforcelorum.

Stichpimpulibockforcelorum wurde als halbbitterer Kräuterlikör von der Fa. Petzold in Zerbst auf der Grundlage des Rezeptes eines Flüchtlings namens Nikolai Lasow aus Königsberg, den es mit dem Ende des Zweiten Weltkrieges nach Berlin verschlagen hatte, hergestellt. Im Zuge der Enteignungen und Kombinatskonzentration kam die Produktion an den VEB Harzer Mineralquellen und zuletzt zum VEB Abtshof Magdeburg. Doch die Namensrechte von Stichpimpulibockforcelorum waren im Besitz der westlichen Klosterbrennerei zu Kloster Walkenried in Königslutter – diese Firma ist denn auch heute Alleinproduzent von Stichpimpulibockforcelorum – bleibt nur noch das Geheimnis um den Namen zu lüften:

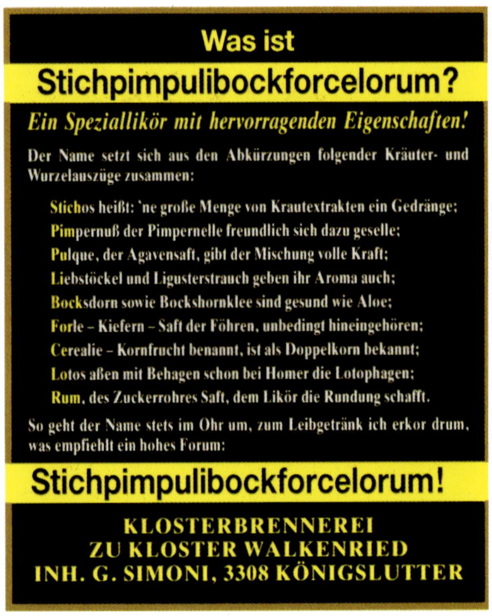

Der Name
Stichpimpulibockforcelorum
setzt sich aus den Abkürzungen folgender Kräuter- und Wurzelauszüge zusammen:

***Stich**os heißt: 'ne große Menge*
von Krautextrakten ein Gedränge;
***Pim**pernuß der Pimpernelle*
freundlich sich dazu geselle;
***Pul**que, der Agavensaft,*
gibt der Mischung volle Kraft;
***Li**ebstöckel und Ligusterstrauch*
geben ihr Aroma auch;
***Bock**sdorn sowie Bockshornklee*
sind gesund wie Aloe;
***For**le – Kiefern – Saft der Föhren*
unbedingt hineingehören;
***Ce**realie – Kornfrucht benannt,*
ist als Doppelkorn bekannt;
***Lo**tus aßen mit Behagen*
schon bei Homer die Lotophagen;
***Rum**, des Zuckerrohres Saft,*
dem Likör die Rundung schafft

Den Schierker Feuerstein, ein 35%iger Magen-Halb-Bitter, welcher nach einem markanten Granitfelsen in Schierke am Harz benannt ist, umgibt die ganze Sagenwelt des Harzes. Schierke liegt am Fuße des Brockens im Tal der „kalten Bode", von dichten Wäldern umgeben, seit mehr als einhundert Jahren ein beliebter Erholungsort und eines der Zentren des Wintersports im Harz. Seine Nähe zum Brocken macht Schierke zu einem wichtigen Ausgangspunkt für Brockenbesucher. Man kann für den Aufstieg die Brockenbahn benutzen, die in Schierke ein letztes Mal vor dem Gipfel hält, oder einen der vielen Wanderwege aufwärts nehmen.

Der Fremdenverkehr machte Schierke nach dem Ersten Weltkrieg so richtig zum Anziehungspunkt für Gäste, die sich von der Brockenatmosphäre verzaubern lassen wollten. Der Ort nahm in den 20er Jahren wirtschaftlichen Aufschwung, und so gut die Geschäfte auch liefen, störte es doch den Ortsapotheker Willy Drube, dass er wegen der Verdauungsprobleme der Kurgäste nach allzu fetten Mahlzeiten nachts immer wieder geweckt wurde, weil man bei seinen Arzneien Linderung suchte. Seine Standardmittel halfen wenig, und so „erfand" er das Rezept eines Kräuter-Halb-Bitters gegen die Völlerei, der in den Mägen der Kurgäste aufräumen sollte. Dieser aus verschiedenen einheimischen und exotischen Kräutern hergestellte Magenbitter wurde von Willy Drube zum Patent angemeldet und seither unter der Bezeichnung „Schierker Feuerstein" von ihm produziert.

Um der Enteignung durch die DDR-Staatsführung zu entgehen, entstand in den 50er Jahren des vorigen Jahrhunderts ein zweiter Produktionsstandort, denn die Patentinhaber siedelten nach Bad Lauterberg über. Nach der Wiedervereinigung Deutschlands wurden beide Firmen wieder unter einem Dach zusammengeführt.

Und nach wie vor treiben die Hexen um den Brocken ihr Unwesen. Alljährlich versammeln sich in Schierke tausende Menschen zur Walpurgisnacht, um den Hexen nachzueifern, die sich in der Nacht zum ersten Mai dort treffen, um auf ihren Besen zum Blocksberg (Brocken) zu fliegen und sich dort mit dem Teufel zu vermählen – ganz so, wie es schon Goethe im „Faust" beschrieben hat. Wir können nur vermuten, dass dabei regelmäßig auch Schierker Feuerstein mit im Spiel ist.

Aromatique – vom Hausmittel zum Kräuterlikör

Zu DDR-Zeiten wurde der liebevoll „Aro“ und despektierlich „Kommodenlack“ genannte Kräuterlikör Aromatique im VEB Aromatique Neudietendorf hergestellt. Die begehrte Spirituose kam im Vertrieb kaum über den Raum Erfurt hinaus – und wenn dann nur als Bückware, deshalb war sie ein beliebtes Mitbringsel für Freunde in anderen Teilen der DDR.

Seit 1828 gibt es bereits den Echten Neudietendorfer Aromatique. Seinen Ursprung soll er der Überlieferung nach als Arznei gehabt haben: Zu Beginn des 19. Jahrhunderts, als die medizinische Forschung noch nicht so weit war wie heute, brachen in Neudietendorf und Umgebung – genauso wie in allen anderen Teilen Deutschlands – Krankheiten immer wieder epidemisch aus. Um diese Krankheiten soweit es ging bekämpfen zu können, stellte der einheimische Apotheker Daniel Thraen aus Naturstoffen, die von alters her für ihre heilsame Wirkung auf Magen und Darm bekannt waren, ein alkoholhaltiges Heilmittel her, dessen Mixtur er *„tinctura aromatica compostit“* nannte. Da dieses Mittel offensichtlich vielfältige Wirkung zeigte, entschloss sich der clevere nachfolgende Apotheker Theodor Lappe, diese als Notmedizin komponierte Tinktur zur Spirituose weiter zu entwickeln und ab 1828 als Magenbitter „Aromatique“ zu vertreiben. In den Folgejahren gründete sich eine Reihe weiterer Spirituosenfirmen, die ebenfalls Aromatique herstellten. Nach dem Zweiten Weltkrieg gab es so bis Mitte der 50er Jahre fünf Aromatiquefirmen in Neudietendorf.

Die heutige und einzige Spirituosenfabrik AROMATIQUE GmbH ging aus der 1876 von Reinhold Schmidt als Branntwein- und Likörfabrik gegründeten, 1897 von Theodor Kramer übernommenen und ab 1932 von drei Pächtern als Theodor Kramer & Co. KG weiter geführten Firma hervor. Ihr Haupterzeugnis war der Kramer-Aromatique, nach dessen Originalrezeptur auch heute noch der Echte Neudietendorfer Aromatique hergestellt wird.

Die Nachkriegsgeschichte der Firma ist schnell erzählt: Staatliche Beteiligung ab 1958 und Volkseigener Betrieb ab 1972 – der Betrieb produzierte allerdings auf staatliche Weisung ab 1958 ausschließlich Aromatique, um die durch Erlöschen der vier anderen Firmen entstandene Nachfrage zu decken.

Mit der Reprivatisierung und der nachfolgenden Gründung der Spirituosenfabrik Aromatique GmbH am 15. August 1991 begann für das Unternehmen eine neue Epoche in der über 100-jährigen Firmengeschichte, ein gelungenes Beispiel dafür, wie ein einstiges Familienunternehmen nach der Wende die Produktion erfolgreich fortsetzen konnte. Heute produziert das Unternehmen eine ganze Palette von Kräuterlikören und beliefert damit über Ostdeutschland hinaus westdeutsche Abnehmer und auch Abnehmer im Ausland.

Die Wilde Sau

Groß war der Einfallsreichtum in der DDR, um ihren Erzeugnissen attraktive Namen zu geben. Gerade bei den Likören wurden vielerlei Assoziationen herangezogen, um Produkte anzupreisen, die es dann oft noch nicht einmal überall gab. Viele der leckeren DDR-Liköre lebten unter dem Ladentisch und wurden nur als Bückware abgegeben – gegen einen anderen Gefallen oder im Tausch gegen ein anderes Produkt – die Mangelgesellschaft hatte gelernt, mit dem Mangel umzugehen! Und wenn man schon nicht in die Karibik reisen durfte, so sollte doch wenigstens ein Hauch von Südsee durch die Republik wehen, zum Beispiel mit Kalamansi.

Kalamansi, die „philippinische Zitrone“, ist ein bis zu fünf Meter hoher Baum. Der Saft ihrer zwei bis drei Zentimeter großen runden kernreichen Früchte ähnelt dem Zitronensaft. Der VEB Spirituosenwerke Wilthen bot „Kalamansi Tropic-Frucht“ als „harmonische Fruchtsaft-Spirituose aus dem Saft sonnengereifter Kalamansifrüchte“ als 25%igen Likör an. Verheißungsvoll lächelt auf dem Etikett eine fast barbusige Südsee-Schönheit den Käufer an – und bleibt doch unerreichbar. Ganz barbusig war die tropische Schönheit auf dem Etikett des ebenfalls aus Wilthen stammenden „Jualita Maracuja-Orangen-Fruchtsaftlikörs“ (siehe Abbidung Seite 7), und vom Etikett des „Grüneberger Kakao mit Nuss“, einem 35%igen Kakaolikör, lächelte gar eine schwarze barbusige Schönheit.

Zu den näher liegenden Abwechslungen, die aber für die meisten DDR-Bürger genauso unerreichbar waren wie die Karibik, zählte die Jagd, die die DDR-Oberen für sich „gepachtet“ hatten, allen voran Erich Honecker. Und zu jeder Jagd musste es natürlich auch standesgemäße Getränke geben. Schnaps und Likör waren angesagt – da brachte die „Wilde Sau“ so richtig Stimmung (siehe Abbidung Seite 30).

Die Grundlage der „Wilden Sau“ bilden erzgebirgische Kräuter, gesammelt von den „Wurzelbucke“, den Einwohnern der romantischen Erzgebirgsgemeinde Bockau im heutigen Landkreis Aue-Schwarzenberg. Hier gibt es eine über 500jährige Kräutertradition. Zunächst wurden die Kräuter in den Wäldern und Fluren der Erzgebirgsregion gesammelt, später auch angebaut. Die Verarbeitung der Kräuter und Heilpflanzen zu Arzneien und Kräuterlikören war einer der ältesten Erwerbszweige der Bockauer.

Wichtigste Pflanze der Bockauer Kräuterbauern war die Angelikapflanze, genannt Engelswurz. Angelica archeangelica L. ist ein Doldengewächs mit einer Wurzel, die stark mit ätherischen Ölen angereichert ist, und es gibt kaum eine Krankheit, bei der die Angelikawurzel in der Volksheilkunde nicht Anwendung findet. Doch man hat die Kräuterauszüge nicht nur äußerlich angewendet – als Kräuterschnaps und Kräuterlikör waren sie nicht minder wirkungsvoll.

Nach dem Zweiten Weltkrieg wurden die beiden Bockauer Schnaps- und Likörfabriken „volkseigen“ zusammengelegt und nach der Wende als rein ostdeutsches Unternehmen privatisiert. Heute gibt es die „Aecht Bockauer Wilde Sau“ zur Freude ihrer alten Freunde von der „Erzgebirgischen Likörfabrik Bockau R. Eisenreich & Co. GmbH“ wieder!

Gotano – ein Stück italienischer Lebenskultur

Der bekannteste und beliebteste Apéritif der DDR hieß Gotano – dieser Wermut und sein Name haben eine lange Geschichte. Wermut hat seine Wurzeln im 19. Jahrhundert in Norditalien. Von dieser Region aus breitete sich seine Kunde auch über die Alpen aus. Doch zunächst bereiteten der Erste Weltkrieg und seine Folgen diesem Produkt Absatzschwierigkeiten. Doch ab Mitte der 20er Jahre ging es wieder aufwärts und die Menschen leisteten sich wieder mehr von den guten Dingen des Lebens, so auch Wein, Wermut und andere italienische Genussmittel der 1926 in Gotha gegründeten Handelsfirma Fritz Köllner.

Doch die Autarkiepolitik der Nazis bereitete der jungen Firma Probleme, denn es wurden immer weniger Devisen für Importe zur Verfügung gestellt. Um sein Wermut-Geschäft weiter betreiben zu können, suchte sich Fritz Köllner einen Geschäftspartner in Italien. Diesen fand er in Dr. Italo Brosio, der die in Turin ansässige Firma Rolando & Co. führte. So wurde 1934 die erste deutsch-italienische GmbH gegründet, mit der die Handelsbeschränkungen umgangen werden konnten – italienisches Fachpersonal in der Köllner'schen Firma machte die Eigenproduktion möglich.

Solange Italien zu den Hitler-Verbündeten zählte, florierte das Unternehmen. Doch als im September 1943 Italien einen separaten Waffenstillstand mit den Alliierten schloss, begannen die Probleme. Es gelang aber Fritz Köllner, die bei ihm beschäftigten Italiener vor der Internierung zu retten, sie konnten nach Kriegsende unbeschadet in ihre Heimat zurückkehren.

Nach dem Zweiten Weltkrieg nahm Fritz Köllner den Betrieb mit der Produktion von Spirituosen aus Früchten von den Fahnerschen Höhen und später mit Konsumspirituosen wieder auf. Die SED-Enteignungs-

Geschmackvoll und stilsicher: 60er Jahre Bar

politik zwang ihn allerdings, 1952 in den Westen zu gehen. Seine Frau war inhaftiert worden und im Gefängnis verstorben. Die Köllner'sche Spirituosenfabrik firmierte in den VEB Spirituosenfabrik Gotha um und schloss sich später mit weiteren Betrieben zum VEB Vereinigte Thüringer Weinkellereien zusammen.

Dieser Vereinigte VEB knüpfte wieder an die Wermuttradition des Köllner'schen Ursprungsbetriebes an. Doch die Kontakte nach Italien waren nicht mehr vorhanden, weshalb man gemeinsam mit jugoslawischen Partnern aus Zagreb einen Grundwein entwickelte, der die Basis eines neuen Wermuts bildete. Dieser ohne Farb- und Konservierungsstoffe produzierte Wermut nannte sich zunächst „Gotha Vermouth", später wurde im Zuge von Exportbemühungen das „h" aus dem Namen gestrichen und das Produkt hieß endgültig „Gotano Vermouth". Diese beliebte Marke erkämpfte sich 75 Prozent des DDR-Marktes, weil das alte italienische Rezept nicht an die fünf anderen Hersteller von Wermut in der DDR weiter gegeben wurde. Dazu wurden als Ergänzung des Gothaer Wermut-Sortiments „Gotano Bitter Aperitif Weiß", „Cherry Flavour" und „Citrus Flavour" produziert. Der Grundweinimport aus Jugoslawien klappte nicht reibungslos, weshalb auch ungarische und algerische Grundweine verschnitten wurden – das erklärte die gelegentlichen Qualitätsschwankungen.

Nach der Wende konnte der Gothaer Betrieb Dank seines guten Rufes überleben. Aus den „Vereinigten Thüringer Weinkellereien" wurde die „Thüringer Weinkellereien GmbH Gotha". Dem Sohn von Fritz Köllner gelang nach großen Schwierigkeiten und gerichtlichen Auseinandersetzungen 1993 die Reprivatisierung des Betriebes. Heute behauptet Gotano die dritte Position unter den deutschen Wermutmarken. Mit weiteren Erzeugnissen aus der Gotano-Linie sowie Diabetiker-Wermut, alkoholreduzierten Partygetränken, Sekt, Perlwein und italienischen Weinen, vertreibt die Kellerei heute über drei Millionen Flaschen jährlich – eine weitere Erfolgsstory aus dem Osten!

Gutes aus Früchten und Kräutern:

Rezepte

Früchteflip

Zutaten

200 ml Kirschmost
100 ml Traubensaft
1 Eigelb
1 El entsteinte Kirschen
Selterswasser
Eiswürfel

Zubereitung

1 Kirschmost und Traubensaft zusammengießen, das Eigelb dazugeben und alles miteinander vermengen.

2 Eiswürfel auf 2 Gläser verteilen.

3 Das Getränk in die Gläser eingießen, mit Selterswasser auffüllen und die entsteinten Kirschen hineingeben.

Anmerkung

- „Flip“ (engl.) bezeichnet ein Mixgetränk aus Alkohol, Eigelb und Zucker. Der Früchteflip ist eine alkoholfreie Variante, die den Zucker aus dem Most und dem Saft schöpft – DDR-Getränke waren in der Regel stark gesüßt.

Karotten-Cocktail

Zutaten

350 ml Karottensaft
1 Apfelsine
1 El Zitronensaft
1 Tl Honig
200 g Joghurt

Zubereitung

1 Den Karottensaft mit dem Saft der ausgepressten Apfelsine vermischen.

2 Den Honig und den Zitronensaft unterrühren.

3 Den Cocktail mit Joghurt auffüllen.

4 Den Karotten-Cocktail gut gekühlt in Gläsern servieren.

Tomaten-Cocktail

Zutaten

0,7 l Tomatensaft
1 Ei
1/2 Zitrone
50 g süße gehackte Mandeln
gehackte Kräuter
Salz, Zucker, Suppenwürze, Paprikapulver

Zubereitung

1 Das Ei in den Tomatensaft geben und gut verrühren.

2 Die gehackten süßen Mandeln, den Saft der halben Zitrone, die Kräuter, beispielsweise Kresse, Petersilie und Schnittlauch, einen Spritzer Suppenwürze und etwas Paprikapulver dazugeben.

3 Den Tomaten-Cocktail zum Servieren mit Salz und Zucker abschmecken.

Aufgesetzter

Zutaten

(für 1 Flasche – mit breitem Hals, am besten mit Schraubdeckel)

250 g schwarze Johannisbeeren
2 El Zucker
1 Vanillestange (ersatzweise 1 Päckchen Vanillezucker)
„Kristall" Wodka

Zubereitung

1 Die Johannisbeeren abwaschen, trockentupfen und entstielen.

2 Die Beeren in die Flasche füllen, sodass sie etwa zu einem Drittel gefüllt ist. Den Zucker und die Vanillestange (oder Vanillezucker) dazugeben.

3 Die Flasche mit dem Wodka auffüllen und einmal schütteln, damit sich der Zucker richtig auflöst.

4 Den Aufgesetzten ein Jahr stehen lassen! Zwischendurch gelegentlich noch einmal schütteln.

Anmerkung

- Es zählte zu den beliebten Freizeitbeschäftigungen der Garten- und Datschenbesitzer, mit dem selbst geernteten Obst und dem allseits erhältlichen „Kristall" Wodka Aufgesetzte zu produzieren.

Kräuter-Aufgesetzter

Zubereitung

Zutaten

200 g frische Kräuter
1 l „Primasprit" (96%vol. Alkohol)
1 unbehandelte Zitrone
1 kg Zucker
1 l Wasser

1 Verschiedene Kräuter wie Basilikum, Kamille, Melisse, Minze, Salbei, Rosmarin, Thymian oder Lavendel waschen, trockentupfen und in helle, verschließbare Flaschen geben. Die Zahl der Flaschen richtet sich nach ihrer jeweiligen Größe und ihrem Fassungsvermögen.

2 Primasprit hinzufügen und den Ansatz an einem hellen Standort 12 Tage ziehen lassen.

3 Die Zitronenschale abreiben und gleichmäßig zum Kräutergeist geben. Alles zusammen nochmals zwei Tage ziehen lassen.

4 Den Zucker mit dem Wasser aufkochen, den dabei entstehenden Schaum abschöpfen. Das Zuckerwasser auf die Flaschen verteilen und weitere zwei Tage ziehen lassen.

5 Den Inhalt der Flaschen durch ein Tuch seihen und die wieder aufgefüllten Flaschen gut verschlossen lagern.

Anmerkung

- Zum Genießen sei eine 1:1-Verdünnung empfohlen.

Selbstgemachter Holunderlikör

Obwohl es in der DDR jede Menge Alkoholsorten zu relativ günstigen Preisen – auch bei hoher Verfügbarkeit – gab, war den Bürgern dieser Republik die Freude an der Bereitung selbst hergestellter Liköre nicht zu nehmen. Liköre haben in der Regel einen Alkoholgehalt zwischen 20 und 30%vol. Alkohol (in Ausnahmefällen auch höher). Das lässt sich mit der Vergärung von Säften nicht erreichen, also muss man, wenn es ein Likör werden soll, anders vorgehen.

In der Regel stellte man auch in der DDR einen guten Likör durch einfaches Mischen zusammen, beispielsweise mit Primasprit oder einem anderen hochprozentigen und lebensmitteltauglichen Alkohol. Dazu bedurfte es jedoch ein wenig Rechnerei. Primasprit wurde beispielsweise mit 96%vol. Alkohol gehandelt. Wenn man also einen Holunderlikör von etwas über 20%vol. Alkohol erhalten wollte, musste man drei Teile Holundersaft auf einen Teil Primasprit abmessen und dann alles zusammen mischen. In der Regel gab es dann allerdings ein paar Ausflockungen. Etwa drei Wochen nach dem Ansatz der Mischung musste man also abgießen und den „Bodensatz" entfernen, aber die einfache Mischung ergab einen durchaus schmackhaften Likör.

Hagebuttenlikör

Zutaten

500 g Hagebutten
150 g Zucker
1/2 unbehandelte Orange
1/2 unbehandelte Zitrone
4 Gewürznelken
1/2 Zimtstange
1 Flasche Weinbrand „Goldkrone"

Zubereitung

1 Die Hagebutten von Blüten- und Stielansätzen befreien.

2 Die Früchte waschen, gut abtropfen lassen, halbieren, die Kerne herausnehmen und nochmals waschen und trocknen.

3 Die Hagebuttenhälften mit dem Zucker vermischen und zugedeckt über Nacht ziehen lassen.

4 Die Orange und die Zitrone dünn abschälen.

5 Die Fruchtmischung mit den Schalen, den Nelken und der Zimtstange in eine bauchige Flasche geben und den Weinbrand darüber gießen.

6 Die Flasche gut verschließen und an einem warmen sonnigen Platz zwei Monate ziehen lassen.

7 Nach dem Filtern den Likör bei Zimmertemperatur nochmals vier Wochen reifen lassen.

Schlehen-Likör

Zutaten

750 g Schlehen
300 g Zucker
2 Zimtstangen
1 Flasche Nordhäuser Doppelkorn 38%vol.

Zubereitung

1 Die Schlehen verlesen, gründlich abspülen und mit einem Holzstampfer zerdrücken.

2 Die zerdrückten Früchte mit dem Zucker und den Zimtstangen in eine gut schließende Flasche mit Schraubdeckel geben und mit dem Korn begießen.

3 Den Aufgesetzten einige Wochen ziehen lassen.

4 Abschließend den Aufgesetzten filtern und den Schlehen-Likör auf dekorative Flaschen abfüllen.

Anmerkungen

- Beim Zerdrücken der Schlehen auch einige Kerne zerdrücken, damit der Schlehen-Likör sein feines Aroma bekommt.
- Die Schlehe ist ein dorniger Strauch mit silbergrauer Rinde, der im zeitigen Frühjahr noch vor dem Blattaustrieb tausende weiße Blüten trägt. Die Blüten waren es auch, die früher hauptsächlich zu medizinischen Zwecken verwendet wurden. Schlehenblütentee ist bei Erkältungskrankheiten zu empfehlen. Schlehenblütenöl (in Naturkostläden und Reformhäusern erhältlich) ist ein angenehm wärmendes Körperöl. Aus den Blüten entstehen kugelige, blau bereifte Früchte, die kleinen Zwetschgen ähnlich sehen (und auch mit der Zwetschge verwandt sind). In rohem Zustand sind sie nicht gerade eine Delikatesse: Ihr hoher Gehalt an Gerbstoff verursacht ein Zusammenziehen der Schleimhäute. Erst nach mehrmaligem Durchfrieren, und wenn die Haut schrumpelig wird, beginnt der Abbau der Gerbsäure in der Frucht, und erst dann sollte geerntet werden. Am besten werden Schlehenfrüchte zu Marmelade oder zu Mus – oder zu verdauungsförderndem Schlehenlikör mit schöner violetter Färbung verarbeitet.

Nordhäuser Korn-Spezialitäten
aus der traditionsreichen Nordhäuser Kornbrennerei seit 1507
Echter Nordhäuser Doppelkorn – bekömmlicher und milder Getreidekorn – 1 Jahr im Eichenholzfaß gereift: ein in der ganzen Welt geschätzter Edelbrand.
Nordhäuser Korn aus Roggen und Malz, meisterlich gebrannt, aromatisch und weich – die willkommene Ergänzung zum kühlen Bier.

Grüne Wiese

Rezept 1:

Zutaten

4 cl Curaçao
8 cl Orangensaft
2 cl Sekt

Zubereitung

1 Curaço mit Orangensaft im Shaker mixen, in das Glas geben und mit dem Sekt auffüllen.

Rezept 2:

Zutaten

2 cl Curaçao
2 cl Kristall Wodka
10 cl Orangensaft
10 cl Sekt

Zubereitung

1 Curaçao mit Wodka und Orangensaft im Shaker mixen, auf zwei Gläser verteilen und mit dem Sekt auffüllen.

Anmerkung

- Curaçao wurde in der DDR in Gestattungsproduktion hergestellt, war also nur im Intershop oder in Delikat-Läden zu erhalten.

Kullerpfirsich

Zutaten

4 reife Pfirsiche
1 Flasche Sekt

Zubereitung

1 Die Pfirsiche abwaschen und auf Küchenpapier oder mit einem Handtuch vorsichtig abtrocknen.

2 Die Pfirsiche ringsum mit einer spitzen Gabel einstechen.

3 Jeden Pfirsich in eine hohe Sektschale oder ein spezielles Kullerpfirsichglas geben.

4 Den eisgekühlten Sekt langsam über die Pfirsiche gießen.

Anmerkung

- Schon nach wenigen Minuten beginnt der Pfirsich sich von selbst im Glas zu drehen und verströmt sein herrliches Aroma!

Sanddorn-Mix

Zutaten

1 Becher Joghurt
2 El Sanddornsirup

Zubereitung

1 Den Sanddornsirup unter den Joghurt rühren.

2 Alles in ein attraktives Glas füllen und gut gekühlt servieren.

Anmerkung

- Dieses schnell zubereitete Mixgetränk ist erfrischend und auch für Kinder lecker, besonders mit einer Kugel Vanilleeis darin …

Feuerstein Mix

Anmerkung

- Vielfältig sind die Mixrezepte mit Schierker Feuerstein, dem legendären Magen-Halb-Bitter aus dem Harz.
  Die Grundzutat besteht jeweils aus zwei bis drei Eiswürfeln in einem Longdrinkglas, das nach Belieben mit einer Zitronen- oder Orangenscheibe oder einem Minzeblatt garniert werden kann.

Königsfeuer

2 cl Schierker Feuerstein
mit 0,1 l Sekt vorsichtig auffüllen

Schierker Feuerstein-Lemon

4 cl Schierker Feuerstein
mit 0,2 l Bitter-Lemon auffüllen

Schierker Feuerstein-O-Saft

4 cl Schierker Feuerstein
mit 0,2 l Orangensaft auffüllen

Rumtopf

Zutaten

500 g Erdbeeren
2,5 kg sonstiges frisches Obst in Mengen zu je 250 g (z.B. Kirschen, Himbeeren, Johannisbeeren, Aprikosen, Pfirsiche, Birnen etc.)
1,5 kg Zucker
Rum (oder auch Primus Wodka 56%vol. Alkohol)
Steintopf mit mindestens 5 l Inhalt
Folie zum Abdecken

Zubereitung

Im Mai/Juni: Erdbeeren waschen, putzen, abtrocknen und mit Zucker bestreut 1 Stunde ziehen lassen. Dann in den Topf füllen und so viel Rum dazugießen, dass er 2 Zentimeter über den Früchten steht. Danach den Topf mit der Frischhaltefolie abdecken.

Im Juni: Süßkirschen waschen, gut abtropfen lassen, Stiele abzupfen, mit Zucker bestreuen und 1 Stunde ziehen lassen. Dann in den Topf füllen und so viel Rum dazugießen, dass er 2 Zentimeter über den Früchten steht. Danach den Topf mit der Frischhaltefolie abdecken.

Im Juli: Gleichermaßen mit Johannisbeeren und Himbeeren verfahren. Aprikosen mit kochendem Wasser überbrühen, die Schale abziehen, die Früchte halbieren, entsteinen, in Spalten schneiden, mit Zucker bestreuen und eine halbe Stunde ziehen lassen. Dann in den Topf füllen und so viel Rum dazugießen, dass er 2 Zentimeter über den Früchten steht. Danach den Topf wieder mit der Frischhaltefolie abdecken.

Im August: Gleichermaßen mit Sauerkirschen und mit Süßkirschen verfahren.
Pfirsiche mit kochendem Wasser überbrühen, die Schale abziehen, die Früchte halbieren, entsteinen, in Viertel schneiden, mit Zucker bestreuen und eine Stunde ziehen lassen. Dann in den Topf füllen und so viel Rum dazugießen, dass er 2 Zentimeter über den Früchten steht. Danach den Topf wieder mit der Frischhaltefolie abdecken.

Im September: Birnen waschen, schälen, vierteln, das Kerngehäuse entfernen, Fruchtfleisch in Schnitze schneiden, mit Zucker bestreuen und eine Stunde ziehen lassen. Dann in den Topf füllen und so viel Rum dazugießen, dass er 2 Zentimeter über den Früchten steht. Danach den Topf wieder mit der Frischhaltefolie abdecken. Den Topf alle zwei Wochen leicht schütteln.

Im Oktober/November: Wenn der Topf gefüllt ist, alle zwei Wochen prüfen, ob der Rum noch 2 Zentimeter über den Früchten steht, ansonsten Rum nachgießen.

Anmerkungen

- Rumtopf eignet sich als Kompott zu Pudding, zu Griesbrei, als Beilage zu Wildgerichten, als Garnitur auf Kuchen und als Mixgetränk, wenn man 1 El Früchte des Rumtopfes mit 2 El Saft in ein Glas gibt und dieses mit Sekt auffüllt.
- Niemals mit einem Holzlöffel oder leicht rostigen Metalllöffeln im Rumtopf hantieren, am Löffel könnten sich durch die Fruchtsäure Rostteile lösen und Bakterien am Holzlöffel könnten den Rumtopf verderben.
- Der Rumtopf muss trocken und kühl stehen.
- Für den Rumtopf nur Alkoholika mit mindestens 54%vol. Alkohol verwenden, ansonsten besteht die Gefahr, dass der Inhalt zu gären beginnt.

R. Zersch
Köstritzer Bier
R. Zersch
Bad Köstritz
Brauerei-Füllung
Sonnenquell
R. Zersch
Fürstl. Brauerei
Bad Köstritz
Köstritzer

KÖSTRITZER DOPPEL
Caramel
MALZBIER VOLLBIER
VEB KÖSTRITZER SCHWARZBIERBRAUEREI BAD KÖSTRITZ IM VEB GK GERA
0,33 l
0,50 l

SCHWARZBIERBRAUEREI
VEB KÖSTRITZER
BAD KÖSTRITZ
Unter Verwendung von Zucker hergestellt
ORIGINAL
Köstritzer
Schwarzbier
EXPORT
HSL 18 23500
INHALT 0,33 l
EVP M -,75
HERGESTELLT IN DDR

Ur-Krostitzer
EVP 0,50 M
DOPPEI
Caramel
VEB GETRÄNKEKOMBINAT LEIPZIG
WERK BRAUEREI KROSTITZ
MALZBIER
VERLEGER-ABFÜLLUNG
BRAUEREI-ABFÜLLUNG

Neuzeller Kloster-Bräu
...himmlisch gut seit 1589
Klosterladen

Hopfen und Malz

BIER

Trotz fröhlichem Schnaps- und Likörkonsum war das beliebteste Getränk in der DDR das Bier. Am Ende des Zweiten Weltkrieges übernahmen zunächst die Sowjets und dann die Machthaber der DDR eine breit gefächerte Brauereistruktur, doch die meisten Betriebe waren zerstört oder beschädigt. Die Russen demontierten zudem noch vorhandene gebrauchsfähige Brauanlagen vor allem in den größeren Betrieben – und es mangelte an allen Ecken und Enden an Rohstoffen. So kam der Braubetrieb in der Zeit der Sowjetischen Besatzungszone erst ganz allmählich wieder in Gang, vornehmlich in kleineren Betrieben und zunächst hauptsächlich mit so genanntem Schwachbier. Die Umwandlung vieler Brauereien in Volkseigene Betriebe erfolgte ab 1946. Dazu wurden die Großbrauereien enteignet und in den 50er Jahren in den neu geschaffenen Bezirken zentralisiert. Kleinere Brauereien behielten zunächst ihren Status bei. Später wurden diese auch verstaatlicht und als Braustätten in die Volkseigenen Brauereibetriebe integriert.

Das DDR-Reinheitsgebot

Die schwierige Rohstofflage zwang die DDR, vom Reinheitsgebot abzurücken, das in Deutschland über Jahrhunderte nur die Verwendung von Malz, Hopfen, Hefe und Wasser zum Bierbrauen vorsah. In den „Technischen Güte-Liefervorschriften" der DDR (TGL) war genau geregelt, welche Zusatzstoffe danach in der DDR zum Bierbrauen zugelassen waren – die für die DDR-Brauwirtschaft hierfür verabschiedete TGL 7764 galt bis zur Wende am 3. Oktober 1990 – darunter Gerstenrohfrucht, Reisgrieß, Maisgrieß, Zucker, Stärkecouleur, Natriumsacharin, Pepsinkonzentrat, Milchsäure, Salz, Tannin, Kieselgelpräparate, Ascorbinsäure etc.. Dieses Dokument enthielt über die erlaubten Zusatzstoffe hinaus auch noch Vorschriften über die Bezeichnungen, die chemisch-physikalischen Merkmale, die Verpackung und Kennzeichnung, die Größe der Bieretiketten in Millimeter, über deren Farbe bis zur Punkt-Größe des Aufdrucks und die verschiedenen Biersorten der DDR.

Etiketten und Flaschenpfand

Viele Namen und Bezeichnungen der DDR-Biere und Brauereien wurden zunächst beibehalten, so etwa VEB Riebeck, VEB Rose Brauerei, VEB Kindl. Im Zuge der weiteren Zentralisierung der Wirtschaft wurde auch das Brauereiwesen der DDR von der Zusammenfassung in Kombinate erfasst. Zu dieser Zeit waren in der „DDR“ noch 300 Brauereien tätig, deren Zahl aber wegen veralteter Brauanlagen und fehlender Finanzen zur Umrüstung immer geringer wurde. Größtenteils wurde Fassbier produziert, das einen Anteil von über 80% in verschiedenen Brauereien hatte. Die Flaschenabfüllung erfolgte

wegen allgemeiner Überlastung der Füllanlagen meist in Verlegerbetrieben, da ja neben Bieren in fast allen Betrieben auch alkoholfreie Getränke hergestellt und abgefüllt wurden. Die am meisten verwendeten Flaschen waren die Bügelverschlussflaschen. Einheitsdeckel und Einheitsetiketten verschiedener Kombinate, wo lediglich der abfüllende Betrieb eingeritzt oder eingebrannt wurde, ließ die Konsumenten größtenteils im Unklaren darüber, wo ihr Bier eigentlich herkam. Und es kam immer wieder zu Störungen im Rücklauf der Pfandflaschen, deshalb konnten die Brauereien oft nicht abfüllen. Mängel in der Logistik führten auch dazu, dass Sortimente gestrichen wurden, so zum Beispiel das beliebte Doppelkaramell oder Malzbier. Einfachbier und andere regionale Sorten verschwanden vom Markt oder wurden in einzelnen Brauereien konzentriert hergestellt. Besonders im Sommer erwies sich die Bierauslieferung aus logistischen Gründen immer wieder als schwierig. Zur Urlaubszeit wurde manchmal an der Ostseeküste das Bier sogar nur auf Zuteilung verkauft, obwohl viele Brauereien zusätzliche Lieferungen an die Küste leisteten.

Bierarten der DDR

Art	Stammwürze-Gehalt %
Dunkel (Einfachbier)	5,7 bis 6,2
Alkoholfreies Bier	6,5 bis 7,0
Weißbier	7,0 bis 8,0
Extra	8,5 bis 9,0
Hell	9,5 bis 10,0
Edel-Bräu Hell	10,5 bis 11,0
Dunkel (Vollbier)	10,0 bis 10,5
Doppel-Karamellbier	11,7 bis 12,2
Schwarzbier	11,7 bis 12,2
Deutsches Pilsner	10,5 bis 11,0
Diabetiker-Pils	10,0 bis 10,5
Lagerbier Hell	11,5 bis 12,0
Lagerbier Dunkel	11,5 bis 12,0
Lagerbier Spezial	11,5 bis 12,0
Lagerbier Dunkel Spezial	11,5 bis 12,0
Deutsches Pilsator	11,5 bis 12,0
Deutsches Pilsner Spezial	11,5 bis 12,0
Spitzenbier	12,0 bis 12,5
Märzen	13,5 bis 14,0
Weißer Bock oder Bockbier Hell	15,0 bis 15,5
Dunkler Bock oder Bockbier Dunkel	15,0 bis 15,5
Deutscher Porter	17,5 bis 18,0

Die Hauptbiersorten der DDR

Sternquell-Brauerei um 1900

Vollbier: Sammelbegriff für vollmundige untergärige helle und dunkle Lager- und Exportbiere. Diese Biere sind eher malzaromatisch, traditionell hat aber Exportbier in dieser Gruppe etwas höhere Hopfenzugaben, was früher für die längeren Exportwege aus Haltbarkeitsgründen erforderlich war.

Weizen: Weizenbiere werden mindestens hälftig aus Weizenmalz unter Zusatz von Gerstenmalz obergärig hergestellt. Wenn das Weizen sorgsam gefiltert wurde, nennt man es Kristallweizen, wird es trüb belassen, nennt man es Hefeweizen. Es handelt sich in jedem Fall um ein relativ liebliches, fruchtiges und spritziges Bier, das sich zunehmender Beliebtheit erfreut.

Innerhalb der in der DDR üblichen Biergattungen gab es verschiedene bevorzugte Sorten, die dann auch am stärksten nachgefragt wurden.

Pils: Bier nach Pilsener Brauart ist die beliebteste Biersorte in Deutschland. Der Name stammt von der böhmischen Stadt Pilsen ab, wo diese untergärige Biersorte 1942 erstmals hell goldfarben gebraut wurde und durch reichliche Hopfenbeigabe ihren herb-frischen Geschmack erhielt.

Schwarzbier: Tiefdunkles, vollmundiges untergäriges Bier, das seinen Ursprung in Thüringen hat. In Köstritz wird seit 1543 Schwarzbier gebraut, das bereits Goethe und Bismarck mundete.

Berliner Weiße: Ebenfalls ein obergäriges Bier, das aber nur halb so viel Alkohol wie Vollbier aufweist. Der leicht säuerliche Geschmack macht dieses Bier zu einem sommerlichen Durstlöscher, insbesondere wenn ein Schuss Waldmeister- oder Himbeersirup hineinkommt.

Bockbier: Dieses Starkbier hat seinen Ursprung in Einbeck, von wo aus es nach Bayern kam, die den Ort „Oambock" nannten – daher der Name. Unter seiner bayerischen Kurzform hat Bockbier Deutschland erobert. Bockbiere haben 7%vol. Alkohol. Sie werden untergärig hell und dunkel gebraut, auch als Doppelbock – dann liegt der Alkoholgehalt noch höher. Als Weizenbock werden sie auch obergärig gebraut.

Export und Vogtlanddollar

Natürlich gab es auch „Edel"-Biersorten in der DDR, allen voran Radeberger. Selten, dass es diese Biere mal im freien Verkauf gab. Auch andere Brauereien wie Wernesgrüner hatten Erfolg im Export – hierfür brauten sie auch weiter nach dem Reinheitsgebot. Es waren hochwertige Biere, die einfach gut schmeckten. Und diese Biere waren den DDR-Bürgern so wertvoll, dass sie wie eine Währung in Umlauf waren – Vogtlanddollar wurde beispielsweise das Wernesgrüner Bier genannt. Und manche dieser Brauereien, zu denen beispielsweise Köstritzer, Krostitzer, Lübzer und Hasseröder zählten, haben nach der Wende ihren Vertrieb sogar nachhaltig in den Westen ausdehnen können. Diese Biere dokumentieren die enorme Leistungssteigerung, die die Getränkewirtschaft der ehemaligen DDR unmittelbar nach der Wende vollzogen hat – es sind Leitprodukte der „Ostalgie", von der längst die ganze Republik ergriffen ist!

Bierspezialitäten

Die Angebotspalette ostdeutscher Biere ist groß. Sie beginnt beim Pils, umfasst Exportbier, Bockbier, Weizenbier, Schwarzbier, Biobier und auch Saisonbiere wie Festbier, Weihnachtsbier oder Maibock – längst ist für diese Biere das Reinheitsgebot wieder maßgeblich. Dass sich die DDR vom Reinheitsgebot lösen musste, geschah aus der Not heraus. Man brauchte eine breitere Rohstoffbasis, um weiterhin Bier für die Bevölkerung zu brauen. Die Loslösung vom Reinheitsgebot eröffnete aber auch Chancen, mit innovativen Rezepturen neue Produkte auf den Markt zu bringen. Auch dafür bestand in den Brauereien der Neuen Bundesländer eine lange Tradition.

Nach dem Modell „Radler", das in Bayern Furore gemacht hat, bieten eine Vielzahl ostdeutscher Brauereien mit Limonaden gemischte Biere an. Beispielhaft sei hier das Lübzer Lemon erwähnt, eine hälftige Mischung aus Lübzer Pils und Zitronen-Limetten-Limonade. Biermixgetränke haben meist nur 2,5%vol. Alkohol, sind erfrischend und ideal für heiße Tage.

Berliner Weiße

Berliner Weiße, ein nur leicht alkoholisches obergäriges Bier, taucht erstmals im 17. Jahrhundert im Berliner Raum als Getränk auf. Es war offensichtlich so beliebt, dass die napoleonischen Soldaten, die auch Berlin zu Beginn des 19. Jahrhunderts besetzt hielten, ihm den Beinamen „Champagner des Nordens" gaben. Typisch für die Berliner Weiße ist ihr säuerlicher Geschmack, den sie durch Zusatz von Milchsäurebakterien während des Gärungsprozesses bekommt. Nach der Gärung wird die Berliner Weiße zur Reifung länger gelagert als dies bei anderen Bieren üblich ist. Überhaupt ist Berliner Weiße lagerfähiger als andere Biere, was bis Ende des 19. Jahrhunderts wegen mangelnder Kühlmöglichkeiten von ganz besonderer Bedeutung war.

Berliner Weiße schmeckt am besten im Sommer, ihre zarte Säure und herrliches Moussieren erfrischen und löschen den Durst. Um die charakteristische Säure ein wenig abzuschwächen, trinkt man die Weiße gern mit einem Schuss Himbeer- oder Waldmeistersirup. Gab es im 17. Jahrhundert noch etwa 700 Weißbierbrauereien in und um Berlin, so wird Berliner Weiße heute nur noch von zwei Brauereien hergestellt: von Schultheiss und der Berliner Kindl Brauerei.

Radeberger – gestern und heute

Im Jahre 1872 wurde vor den Toren der Stadt Radeberg die Aktienbrauerei „Zum Bergkeller" gegründet, entstanden aus einer seit 1866 bestehenden Privatbrauerei. 1885 wurde diese Brauerei unter dem noch

heute gültigen Namen „Radeberger Exportbierbrauerei“ eingetragen. Als „Königlich-Sächsischer Hoflieferant“ erhielt die Brauerei viele Preise für die Qualität ihres Bieres, dem Radeberger Pilsner. In der Folgezeit entwickelte sich die Brauerei zu einem bedeutenden Pilslieferanten in Deutschland. Nach der Enteignung 1949 bestand das Unternehmen als „VEB Radeberger Exportbierbrauerei“ weiter und erhielt 1954 vom Ministerium für Lebensmittelindustrie den Auftrag, Exportbier herzustellen, um neue Außenwirtschaftsbeziehungen anzubahnen. Aufbauend auf den Exporterfahrungen aus der Vorkriegszeit wurden Qualität und Auftritt des Radeberger Bieres so verbessert, dass nur wenige Jahre später schon an die zehn Prozent der Erzeugung ins Ausland gingen, ein Jahrzehnt später sogar die Hälfte des auf jährlich 440.000 Hektoliter gestiegenen Ausstoßes in fast 80 Länder der Welt, wofür die Fassbierproduktion zugunsten der Flaschenabfüllung vollständig eingestellt wurde. In Anerkennung der erreichten Exporterfolge ernannte die Staatsführung die Brauerei 1958 zur ersten und einzigen Spezialbierbrauerei der DDR. Viele Medaillen erhielt das Radeberger Pilsner zu DDR-Zeiten für seine hohe Qualität – und nach der Wende folgten weitere Auszeichnungen.

Übrigens unterstand die Radeberger Exportbierbrauerei fast bis zur Wende dem so genannten Wirtschaftsrat des Bezirkes Dresden und damit direkt dem Ministerium für Nahrungsmittel und Getränke in Berlin. Doch noch 1989 wurde dieser Einzel-

betrieb in das VEB Getränkekombinat Dresden eingegliedert. Bereits ein Jahr später war alles anders. Mitte 1990 in „Radeberger Exportbierbrauerei GmbH“ umbenannt, wurde die Brauerei von der Binding Brauerei AG in Frankfurt/Main übernommen. Seither hat ihre Erfolgsgeschichte nochmals eine neue Dimension gewonnen, nicht zuletzt deswegen firmiert der gesamte Unternehmenskomplex heute unter „Radeberger Gruppe“. Die Kooperation mit der Semperoper im nahe gelegenen Dresden hat der Radeberger Brauerei die erforderliche Aufmerksamkeit des gesamtdeutschen Publikums für das Radeberger Pilsner verschafft – heute werden davon jährlich etwa 2 Millionen Hektoliter gebraut und im In- und Ausland abgesetzt.

Köstritzer – gestern und heute

„Kostricz“ geht auf eine mittelalterliche slawische Siedlung zurück. Das heutige Bad Köstritz kann also auf eine lange Geschichte zurückblicken, die auch eng mit dem Bierbrauen

verbunden ist. Hier gab es seit mindestens 500 Jahren zwei Erbschänken, die „Obere Schänke“ und die „Untere Schänke“, die gewerbsmäßig Bier ausschenkten. Übrigens erblickte am 8. Oktober 1585 der bekannteste Sohn der Stadt – Heinrich Schütz – in der väterlichen „Oberen Schänke“, dem späteren Gasthof „Zum Goldenen Kranich“, das Licht der Welt. Die „Untere Schänke“ ist heute der Gasthof „Goldener Löwe“.

Die Studenten der schon im 16. Jahrhundert gegründeten Universität Jena tranken gerne in Köstritz ihr Bier, eine Maß für 5 Pfennige. Als die Grafen Reuss Ende des 17. Jahrhunderts Köstritz übernahmen, bauten sie das lukrative Braugeschäft auch mit einer eigenen Hofbrauerei aus. Da aber lange Zeit kein Bier ins nahe gelegene Gera geliefert werden durfte, sah man sich nach anderen Abnehmern außerhalb von Köstritz um – der Ursprung der Exportbe-

mühungen Köstritzer Bieres. Als in napoleonischer Zeit die Grafen Reuss in den Fürstenstand erhoben wurden, nannte sich die Brauerei fortan „Fürstliche Brauerei“. Ihr Pächter war ab 1845 Rudolph Zersch. Ende des 19. Jahrhunderts wurde die Brauerei im Schloss modernisiert, von 20.000 jährlich produzierten Hektolitern Bier bestand schon ein Drittel aus Schwarzbier.

Das Geschäft expandierte weiter. Zu Beginn des 20. Jahrhunderts wurde außerhalb der Stadt eine neue Brauerei errichtet. Kurt Zersch, Sohn von Rudolph Zersch, erwarb den „Goldenen Löwen“, eine weitere Absatzquelle. Das Köstritzer Schwarzbier konnte nach vielerlei Untersuchungen den Status als „Nähr- und Kraftbier“ mit gesundheitsfördernden Wirkstoffen erwerben – nicht ohne Bedeutung für die 1926 zum „Bad“ erhobene Stadt Köstritz. Die Nachkriegsentwicklung betraf auch die Köstritzer Brauerei, die 1948 in den „VEB Schwarzbierbrauerei Bad Köstritz“ umgewandelt wurde und ab 1969 dem Getränkekombinat „VEB Ostthüringer Brauereien“ zugeordnet war. Der Export in die Bundesrepublik war bereits 1956 angelaufen, doch da dem Köstritzer Schwarzbier Export aus Geschmacksgründen auch Zucker zugesetzt wurde, mussten die Lieferungen nach Westen schon bald eingestellt werden. Dafür lief der Export in die sozialistischen Länder umso besser an. 1991 übernahm die Bitburger Brauerei Th. Simon die Köstritzer Brauerei und machte sie zu

einer der großen Brauereien der Neuen Bundesländer – „Das Schwarze mit der blonden Seele" zählt längst zu den bedeutendsten Schwarzbieren Deutschlands.

Sternquell – gestern und heute

Die Sternquell-Brauerei in Plauen gehört ebenfalls zu den traditionsreichen Brauereien der Neuen Bundesländer. Erste Hinweise auf eine Braustätte in Plauen reichen in das 13. Jahrhundert zurück. Diese so genannte Komturhofbrauerei entstand in der Nähe der Johanniskirche. Ab dem 16. Jahrhundert gab es dann weitere Brauereien in der Stadt. Im Laufe der Zeit nahm der Bierdurst der Plauener Bürger/innen zu und damit stieg die Nachfrage an dem wohlschmeckenden Gerstensaft, so dass es zur Entstehung weiterer Brauereien kommen konnte. Urkunden belegen, dass in der Mitte des 16. Jahrhunderts zusätzlich zur Komturhofbrauerei (das sog. Mittlere Brauhaus) drei weitere Braustätten, nämlich das Obere Brauhaus, das Untere Brauhaus (Neustadt) und das Hintere Brauhaus (Alter Teich) bestanden. Doch bis zum Beginn des 19. Jahrhunderts blieb, wie andernorts auch – das Braurecht allein den so genannten Brauberechtigten vorbehalten. Erst mit der Aufhebung dieser Braureglementierung wurde der Biermarkt liberalisiert. Gleichzeitig schuf die Industrialisierung neue Nachfrage, worauf sich auch das Braugewerbe einstellen musste. Aus dieser Situation heraus wurde am 23. Oktober 1857 ein Aktienbrauverein mit über 200 Hausbrauern als Gründungsmitgliedern am bis heute bestehenden Standort der Sternquell-Brauerei in der Dobenaustraße im Syratal gegründet und damit der Grundstein für die Entwicklung zur heutigen

Sternquell-Brauerei GmbH Plauen gelegt. Die Brauerei arbeitete erfolgreich auch gegen die neue Konkurrenz bayerischer Biere. Doch wie überall brachten der Erste Weltkrieg, die Weltwirtschaftskrise und der Zweite Weltkrieg große Probleme. In der Sternquell-Brauerei musste 1945 der Betrieb eingestellt werden.

Erst im Jahre 1949 konnte auch Dank des tatkräftigen Einsatzes der Belegschaft wieder der erste Sud neuen Bieres gebraut werden. Die 50er Jahre bescherten dann der Brauerei eine erste Blütezeit. In dieser Zeit entstand das noch heute bekannte und beliebte Sternquell Pils. Durch ein umfangreiches Investitionsprogramm entwickelte sich Sternquell in den darauf folgenden Jahren zur größten Brauerei im Bezirk. Nach der politischen Wende in Deutschland wurde die Brauerei als Sternquell-Brauerei GmbH privatisiert, die seit Oktober 1990 als Tochterunternehmen der Kulmbacher AG angehört. Gebraut und abgefüllt wird das Sternquell-Bier immer noch in der Dobenaustraße, dem Standort, an dem vor annähernd 150 Jahren die Firmengeschichte ihren Ursprung nahm. Ein Teil des Unternehmens ist inzwischen jedoch sowohl aus Platzgründen als auch aus den Anforderungen einer modernen Logistik heraus auf ein neues Firmengelände außerhalb von Plauen ausgegliedert worden.

Leipziger Gose

Gose-Bier aus Goslar wird erstmals im Jahre 998 als Stadttrunk von Goslar genannt. Die Gose ist ein ganz spezielles Weizenbier, gesalzen und mit Gewürzen verfeinert und mit Hefe und Milchsäure zum Gären gebracht. Das heutige „Nationalgetränk" von Leipzig leitet seinen Namen, wie die Stadt Goslar, von dem Flüsschen „Gose" aus dem Harz ab. Gose ist ein Kultgetränk, dessen „moderne" Ursprünge immerhin etwa zwei Jahrhunderte zurückliegen. Der „Alte Dessauer", Fürst Leopold von Dessau, hatte die Gose nach altem Rezept zu Beginn des 18. Jahrhunderts in seiner Domäne Glauzig brauen lassen, weil sie ihn bei Kräften hielt und er sich so mit seinen vielen Mätressen beschäftigen konnte. Von Dessau aus gelangte die Gose nach Leipzig – zur Freude der vielen Studenten in der Stadt. Zu Beginn des 19. Jahrhunderts stieg dann die Rittergutsbrauerei in Döllnitz in die Produktion von Gose-Bier nach dem Rezept der Inhaberfamilie Goedecke ein und belieferte zunehmend Leipzig, wo sich dieses Bier zum allgemeinen Stadtgetränk mauserte und in vielen Gaststätten ausgeschenkt wurde. Von den damaligen Gose-Schenken existiert heute nur noch die Gaststätte „Ohne Bedenken", ein Kult-Treff mit großem Biergarten. Um 1900 warb Leipzig mit dem Begriff „Gosestadt", um Besucher für seine Messen anzulocken. Die Gose war so zum Gegenstand vieler Feste und auch zum Gegenstand von Spott geworden, denn nicht jedermann vertrug größere Mengen gleich gut. Die Gose wurde vielfach besungen, so auch durch den Leipziger Heimatdichter Edwin Bormann (1851–1912):

„Wennste probst der Gose Saft,
Wappne dich mit Heldenkraft!
Denn de weest nich,
wärd dei Magen
Ja und Amen derzu sagen?
Drum bevor de rechte Hand
Noch ums Stengelglas sich wand,
Leg aus Vorsicht deine linke,
Uf de Stuwendhiereklinke!"

Mit Beginn des 20. Jahrhunderts ging das Interesse an der Gose zurück – Biere nach Pilsner Art waren mehr gefragt. Nach dem Zweiten Weltkrieg, als es kaum noch Produktionsmöglichkeiten gab und auch Rohstoffe kaum zu bekommen waren, schien das Ende der Gose gekommen zu sein. Doch in einer Hinterhofbrauerei wurde noch Gose nach dem alten Goedecker Rezept gebraut und an einige wenige Gaststätten geliefert – zum Schluss blieb nur noch die

Bier erfreute sich auch in Werkskantinen großer Beliebtheit

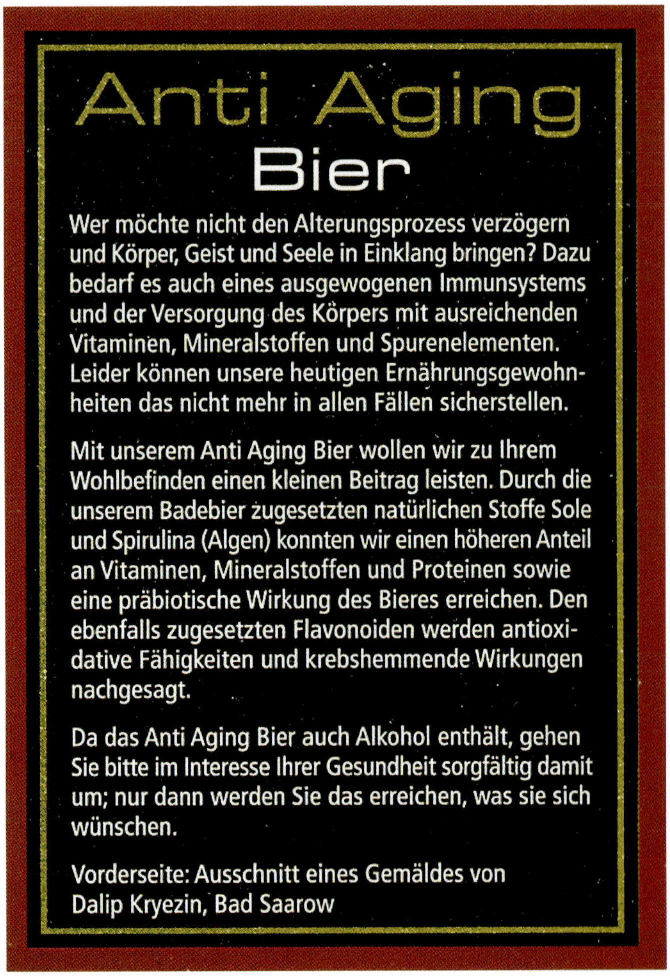

Gaststätte „Ohne Bedenken". Und dann war es zwanzig Jahre ganz aus mit der Gose. Erst Mitte der 80er Jahre des vorigen Jahrhunderts erinnerte man sich wieder der Gose, die Gaststätte „Ohne Bedenken" wurde wieder beliefert. Der Durchbruch begann dann mit der Gründung einer Gaststätte und Gosebrauerei im Bayerischen Bahnhof von Leipzig, wo vor allem auch die Gose wieder gebraut wurde. Und zudem gibt es auch die „Echte Döllnitzer Rittergutsgose" wieder, die in vielen Gasthäusern Leipzigs ausgeschenkt wird und sich guten Zuspruchs erfreut.

Übrigens: Gose kann man nicht nur pur genießen, sondern auch als „Regenschirm" (Gose mit Kümmel), als „Sonnenschirm" (Gose mit Sirup) oder „frauenfreundlich" (mit Kirschlikör).

Klosterbrauerei Neuzelle

Unter den Spezialbieren, die in Ostdeutschland gebraut werden, ist vor allem auch das Anti-Aging-Bier der Klosterbrauerei Neuzelle zu erwähnen. Hier in Neuzelle bauten vor über 700 Jahren nicht weit von der Oder entfernt Zisterziensermönche auf einem Bergsporn ein Kloster, welches ihnen Heinrich der Erlauchte, Markgraf von Meißen und der Ostmark, im Jahre 1268 stiftete. Hier haben die Mönche nachweislich schon seit 1416 Bier gebraut. Die Genehmigung zum gewerblichen Bierbrauen erhielten die Neuzeller Mönche aber erst im Jahr 1589 – seit diesem Jahr erlaubte Kaiser Rudolf II. den Klosterbrüdern den Verkauf ihres Bieres ins Umland. Im Laufe der Jahrhunderte haben viele Braumeister die Klosterbrauerei besucht, sie kamen unter anderem aus Böhmen und aus Sachsen, und häuften einen großen Erfahrungsschatz im Kloster an, der in den vielen Braurezepturen zum Tragen kommt.

Die Klosterbrauerei Neuzelle teilte das Los der meisten Betriebe auf dem Boden der DDR nach dem Zweiten Weltkrieg. Zwei Jahrzehnte nach der Enteignung im Jahre 1948 wurde sogar der Name „Klosterbräu" gestrichen. Doch längst ist die Brauerei wieder privatisiert, und die neue Besitzerfamilie hat die alten Brautraditionen des Klosters wieder aufgegriffen – und kam in Konflikt mit der nun auch im Osten geltenden westdeutschen Biergesetzgebung. Besonders die tiefdunkle, malzaromatische, vollmundige und feinliebliche Schwarzbier-Rarität unter dem Namen „Schwarzer Abt“, das beliebteste Bier der Klosterbrauerei Neuzelle, sorgte in den letzten Jahren für erhitzte Gemüter. Denn dieses Bier wird wie in früheren Zeiten nach dem Brauprozess mit ein wenig Raffinade veredelt, was ihm eine eigenständige faszinierende Geschmacksnote verleiht und was es insbesondere für weibliche Biertrinker so attraktiv macht. Die noch andauernde Auseinandersetzung mit der Landesregierung von Brandenburg über diese nicht dem Reinheitsgebot entsprechende Schwarzbier-Rarität ist als „Brandenburger Bierkrieg“ bereits in die Geschichte der Brauerei eingegangen.

Die Konsumenten lässt der Bierkrieg kalt, und der Erfindungsreichtum der Brauer in Neuzelle wird dadurch offensichtlich nur noch weiter angespornt. Neuestes Produkt der Brauerei ist das Anti-Aging-Bier, mit dem man den Wünschen der Konsumenten, jung zu bleiben, sich wohl zu fühlen und den Genuss des Bieres mit mehr Gesundheit zu verbinden, entgegenkommen möchte. Diesem zur Trink- und Badeanwendung hergestellten Bier, das zu 90 Prozent aus Schwarzbier besteht, sind natürliche Kurbad-Sole, Algen und Flavanoide zugesetzt, die dieses Bier mit wertvollen Vitaminen, Mineralstoffen und Aminosäuren zum Schutz der Zellen vor freien Radikalen versehen. Dieser Jungbrunnen, der alle Merkmale eines Bieres besitzt, darf aber nicht als „Bier“ bezeichnet werden, weil es durch seine gesundheitsfördernden Zusätze nicht dem Reinheitsgebot entspricht.

Brauerei Dessow

Im Jahre 1867 gründete der Rittergutsbesitzer Herr von Kriegsheim eine Brauerei in Dessow, um dort aus eigenproduzierter Gerste versandfähiges Bier nach bayerischer Art herzustellen – die anfallenden Nebenprodukte aus dem Mälzungs- und Brauprozess nutzte er in seiner Viehwirtschaft als Futter. Als im Jahre 1885 der Kommerzienrat Gilka, ein umtriebiger Großkaufmann, den Betrieb von von Kriegsheim übernahm, nannte er ihn in „Dessower Schlossbrauerei“ um. Von nun an begann der Aufstieg der Brauerei. Kommerzienrat Gilka modernisierte den Betrieb und kaufte unter anderem noch die Kyritzer Stadtbrauerei zu – hier wurde schon im 17. Jahrhundert der „Kyritzer Mord und Totschlag“ gebraut, ein kräftiges Schwarzbier, das weithin vertrieben wurde.

Die Dessower Schlossbrauerei nahm durch Gilka kräftigen Aufschwung. Neben dem Vertrieb des Bieres durch die landauf und landab berühmten Pferdefuhrwerke der Brauerei nahm der Bahnversand immer mehr zu. Doch der Erste Weltkrieg bedeutete eine jähe Unterbrechung, man war zunehmend auf Ersatzrohstoffe angewiesen. Nach dem Ersten Weltkrieg ging es dann weiter aufwärts, doch der Zweite Weltkrieg bedeutete eine erneute Zäsur – die Produktion musste ganz eingestellt werden, konnte aber 1946 wieder aufgenommen werden. Ab 1972 wurde die Brauerei als „VEB Brauerei Dessow“ weitergeführt, spielte aber während der DDR-Zeit nur eine untergeordnete Rolle im Brauereiwesen. Nach der Wende erfolgte die Privatisierung und die Übernahme durch die „Oettinger Brauerei GmbH“. Die Rückbesinnung auf das Reinheitsgebot brachte der Brauerei viele neue Freunde. Heute wird hier herb-spritziges Märkisches Pils, süffig-herzhaftes Märkisches Export, kräftig-würziges Märkisches Urbräu, märkisch-würziges Bockbier und natürlich wieder das vollmundig-aromatische dunkle Starkbier „Kyritzer Mord und Totschlag“ gebraut.

Außerdem verfügt die Dessower Schlossbrauerei über ein technisches Denkmal: die noch voll funktionsfähige Dampfmaschine des Betriebes, die 1916 bei MAN in Augsburg gebaut wurde und noch voll funktionsfähig ist. Diese Dampfmaschine versorgte den Betrieb 58 Jahre mit mechanischer Energie. Vom Schwungrad mit drei Metern Durchmesser wurde die Kraft über Transmissionsriemen auf Pumpen, Verdichter und Rührwerke übertragen. Nach rechtzeitiger Anmeldung kann die Dampfmaschine von Interessierten besichtigt werden.

Lübzer Bier – Bier aus dem Norden

Auch wenn die Fußgängerbrücke über die Müritz-Elde-Wasserstraße, die den Ortskern von Lübz mit dem Busbahnhof verbindet, „Weinbrücke" heißt, so ist Lübz dennoch die größte Bierstadt in Mecklenburg-Vorpommern. Lübz kann auf eine lange Siedlungsgeschichte zurückblicken, die bis in das Neolithikum einige tausend Jahre vor unserer Zeitrechnung zurückreicht. Doch leitet sich der Name „Lübz" von der slawischen Siedlung Lubec (= Ort des Lubec) ab, die hier entstand. Im Mittelalter tauchte auch der Name „Eldenburg" auf. Die erste urkundliche Erwähnung von Lübz geht auf das Jahr 1308 zurück, in dem Markgraf Otto IV. und sein Sohn Hermann von Brandenburg eben jene Eldenburg erbauen ließen. Die Burg wurde 1750 abgerissen, einzig der „Amtsturm" blieb als letzter Zeuge dieser Anlage erhalten. Die im Jahr 1877 in Lübz gegründete Brauerei nahm 1925 den Amtsturm in ihr Firmenzeichen auf. Dieser Amtsturm wurde übrigens in den Jahren von 1974 bis 1984 restauriert und beherbergt seither das Lübzer Stadtmuseum.

Auch für die Lübzer Brauerei war die Kriegs- und Nachkriegszeit eine Zeit des Überlebenskampfes. Trotz Demontage konnte die Brauerei 1949 den Betrieb wieder aufnehmen. Im Zuge der Wende erfolgte die Privatisierung zur „Mecklenburgischen Brauerei Lübz GmbH", die heute zur Carlsberg-Gruppe in Dänemark gehört. Nach der Modernisierung der Betriebsstätte mit erheblichen Investitionen in neue Technik hat die Brauerei inzwischen eine Kapazität von über 1 Million Hektoliter. Ihre Hauptmarke „Lübzer Pils" zählt heute zu den großen Biermarken in den ostdeutschen Bundesländern.

Braugold aus Erfurt

Die Erfurter Brauerei hat eine sehr komplizierte Firmengeschichte. Als zu Beginn des 19. Jahrhunderts die traditionellen handwerklichen Regelungen der Biereigenrechte aufgehoben wurden, entstanden überall gewerbliche Brauerein, so auch in Erfurt.

Die Grundlage der späteren Braugold Brauerei Erfurt reicht in das Jahr 1823 zurück. Seit 1888 besteht die Brauerei an ihrem heutigen Standort, ihre Wurzeln liegen in den beiden Erfurter Brauereifamilien Büchner und Baumann, die sich 1920 mit der Riebeck Brauerei AG Leipzig am Erfurter Standort zusammenschlossen. 1921 wurden hier schon 100.000 Hektoliter Bier gebraut. Bis zu Beginn der 40er Jahre konnte sich der Betrieb stetig weiter entwickeln. 1944 wurde dann die Betriebsstätte durch einen Bombenangriff schwer beschädigt. Doch schon im Juni 1945 konnte die Produktion zunächst mit noch vorhandenen Rohstoffen wieder aufgenommen werden. Die extrem schwierige Rohstofflage veranlasste den Betrieb, die „Leichte Barbara" mit nur 3% Stammwürze als Ersatzgetränk anzubieten Im Jahre 1948 wurde auch die Erfurter Brauerei verstaatlicht und produzierte fortan unter dem Namen „VEB Riebeck-Brauerei Erfurt". Im Zuge dieser Entwicklung erhöhte man die Stammwürze auf 4,5% zu einem Bier mit 2% Alkohol. 1956 brachte die Brauerei erstmals Bier unter dem Handelsnamen „Braugold" auf den Markt, 1976 kam „Braugold Pilsener Spezial" hinzu. Die Brauerei erhielt mehrere Preise für ihre Biere, ihr Maschinenpark konnte mit Gerätschaften aus dem Westen wesentlich aufgebessert werden. Es erfolgte sogar ein Liefervertrag über 2.000 Hektoliter nach Westdeutschland.

Im Zuge der Zentralisierung der Wirtschaft wurde das „VEB Getränkekombinat Erfurt" gegründet, mit der Brauerei Braugold als Stammbetrieb mit Sitz der Kombinatsleitung. Nach der Wende engagierte sich die Licher-Brauerei in Erfurt, das Unternehmen firmierte nunmehr unter der Bezeichnung „Braugold-Licher GmbH". 1996 beendete die Licher Brauerei ihr Engagement in Erfurt und der Betrieb wurde mit der Brauerei Riebeck zur „Braugold Brauerei Riebeck GmbH&Co KG" verschmolzen. Seither werden hier jährlich 250.000 Hektoliter Bier gebraut. Diese Biere unter der traditionellen Braugold-Marke stoßen weiterhin auf große Gunst beim Publikum. Dazu kommen Spezial-Biere und Bockbier und als neuestes Produkt Braugold 1888, ein Bier mit 12,5% Stammwürze und besonders gut abgestimmten Hopfen- und Malzaroma.

GOTHAER BIER
VEB Roland-Bräu Nordhausen
SEIT 1436
Wernesgrüner
PILSNER

Dresdner Brauereien
VEB
D B
WERK SÜD
10 Jahre
BETRIEB DER AUSGEZEICHNETEN QUALITÄTSARBEIT
1966 1976
Güstrower-Biere
VEB BRAUEREI GÜSTROW

Hopfen und Malz:

Rezepte

Bier-Punsch

Zutaten

4 cl Dessertwein „Promonter Gold"
4 cl Weinbrand „Goldkrone"
1 Tl Zuckersirup
2 cl Zitronensaft
0,33 l Bier
Eiswürfel
Muskat

Zubereitung

1 Südwein, Weinbrand, Zuckersirup und Zitronensaft im Shaker mit Eiswürfeln nur kurz schütteln.

2 Den Inhalt des Shakers ohne das Eis in zwei große Biergläser geben.

3 Das Glas mit dem gekühlten Bier auffüllen.

4 Zum Servieren eine Prise Muskat darüber geben.

Bier-Bowle

Zutaten

500 g Erdbeeren
3 El Zucker
1 unbehandelte Zitrone
1 Tl Vanillezucker
2 Flaschen Weißwein
1 Flasche Pils
Zitronenmelisse

Zubereitung

1 Die Erdbeeren waschen, vierteln, in eine Bowlenschale geben und mit dem Zucker bestreuen.

2 Die Zitrone spiralförmig schälen und auspressen.

3 Saft und Schale der Zitrone sowie den Vanillezucker zu den Früchten geben, alles mit einer Flasche Wein übergießen und kühl stellen.

4 Erst vor dem Servieren die zweite Flasche Wein und das Bier vorsichtig in die Bowlenschale geben.

5 Die Bowle mit Zitronenmelisse garniert servieren.

Original
PILS
SEIT 1436

Eierbier

Zutaten

4 Eier
150 g Zucker
1 l Pilsener
1 Stückchen Zimtstange

Anmerkung

- Wird das Eierbier kalt getrunken, so sollte man es beim Abkühlen gelegentlich mit dem Schneebesen aufschlagen.

Zubereitung

1 Die Eier mit dem Zucker schaumig schlagen.

2 Unter Rühren das Bier und den Zimt hinzufügen.

3 Das Getränk in einem feuerfesten Gefäß bei leichter Hitze unter ständigem Schlagen mit dem Schneebesen erhitzen.

4 Sobald das Eierbier dick zu werden beginnt, vom Herd nehmen und weiterschlagen.

5 Anschließend die Zimtstange entfernen.

6 Eierbier kann heiß oder kalt in geeigneten Gläsern serviert werden.

Berliner Bowle

Zutaten

500 g Erdbeeren
2 Flaschen Berliner Weiße à 0,5 l
1 Flasche Sekt
1/2 unbehandelte Zitrone
Zucker
Eiswürfel

Zubereitung

1 Die Erdbeeren waschen, entstielen, vierteln und in ein Bowlengefäß geben. Etwas Zucker über die Erdbeeren geben, bis sie Saft ziehen.

2 Die halbe Zitrone schälen und auspressen.

3 Weißbier, Sekt und Zitronensaft gut gekühlt und vorsichtig in die Bowlenschale über die Erdbeeren geben.

4 Die Zitronenschale etwa 10 Minuten im Getränk ziehen lassen. Die Bowle nach Geschmack zuckern und mit Eiswürfeln servieren.

Bockbiergebräu

Zutaten

2 Eigelb
2 El Zucker
1 Prise Ingwer
2 cl Rum
2 cl Nordhäuser Korn
3 Flaschen Bockbier

Zubereitung

1 Eigelb, Zucker, Ingwer, Rum und Korn gut verrühren.

2 Das Bockbier erhitzen, aber nicht zum Kochen bringen.

3 Das heiße Bockbier über den verrührten Schnaps gießen.

4 Zum Servieren das Gebräu sofort in Gläser füllen und warm trinken.

Weizenbier-Bowle

Zutaten

1 unbehandelte Zitrone
1 Dose Ananas in Stücken
4 cl Rum
Zucker
2 Flaschen Weißwein
3 Flaschen Weizenbier à 0,5 l

Zubereitung

1 Die Zitrone so schälen, dass eine Spirale entsteht, und die Zitrone auspressen.

2 Die Ananasstücke, den Zitronensaft und die Zitronenschale in eine Bowlenschale geben und alles mit dem Rum übergießen.

3 Den Inhalt der Bowlenschale mit Zucker nach Geschmack bestreuen und alles gut durchziehen lassen.

4 Anschließend den gut gekühlten Weißwein dazugeben.

5 Den Bowleninhalt erst unmittelbar vor dem Servieren mit dem Weizenbier vorsichtig auffüllen.

Anmerkung

- Bei der Neigung zu gesüßten Getränken zu DDR-Zeiten hat man auch den Saft aus der Ananasdose mit in die Bowle gegeben.

Potsdamer Stange

Zutaten

2 Flaschen helles Bier à 0,5 l
1 l Limonade
Zitronensaft

Zubereitung

1 In schlanke Gläser je zur Hälfte Limonade und Bier füllen.

2 Das Getränk mit einem Spritzer Zitronensaft würzen und sofort servieren.

Anmerkung

- In jedes Glas noch 2 cl Korn geben, ist reizvoll, aber nicht Jedermanns Sache!

Porter Nektar

Zutaten

25 cl Porter Bier
75 cl Sekt

Zubereitung

1 Je ein mittelgroßes Trinkglas zu einem Viertel mit Porter Bier füllen und mit dem Sekt auffüllen.

Porter Flip

Zutaten

1 Tl Zitronensirup
1 Ei
Zucker
Porter Bier

Zubereitung

1 Zitronensirup, Ei, und nach Geschmack Zucker gut vermischen und in ein Becherglas seihen.

2 Das Glas mit gut gekühltem Porter Bier auffüllen.

3 Den Porter Flip mit einem Strohhalm servieren.

Neuzeller Porter
EO TEMPORE 1589
ORIGINAL-BOTTLING

Köstritzer
EDEL-BRÄU
Vollbier Hell
0,50 l
VEB Köstritzer Schwarzbierbrauerei Bad Köstritz
im VEB Getränkekombinat Gera
HSL 1823120
Verleger

VVB
Köstritzer
Bock
VVB Köstritzer Schwarzbier-Brauerei
Starkbier

Trinkt
Neuzeller
Biere
VEB Brauerei
Neuzelle

Bitterfeld
nach Wittenberg
Bad Düben
Delitzsch
Krostitz
Schkeuditzer
Kreuz
Halle
Leipzig
Eilenburg
Ur-Krostitzer
Biere

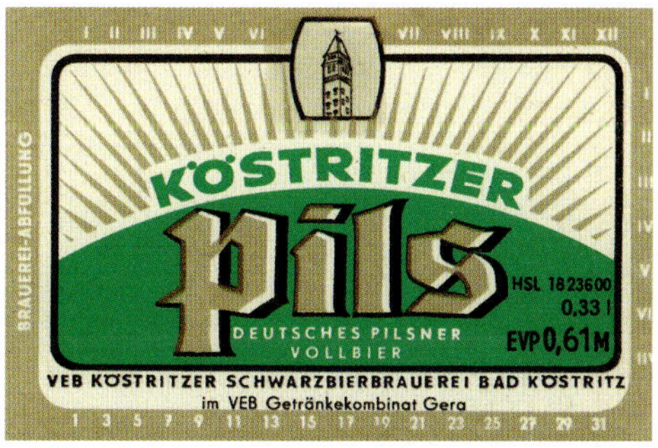
KÖSTRITZER
pils
HSL 1823600
0,33 l
EVP 0,61 M
DEUTSCHES PILSNER
VOLLBIER
BRAUEREI-ABFÜLLUNG
VEB KÖSTRITZER SCHWARZBIERBRAUEREI BAD KÖSTRITZ
im VEB Getränkekombinat Gera

VVB
Köstritzer
Hell-Privat
Köstritzer
Schwarzbierbrauerei
VEB
BAD KÖSTRITZ
Waren Nr.: 684515

Ur-Krostitzer
VEB BRAUEREI KROSTITZ
IM GETRÄNKEKOMBINAT LEIPZIG
Deutsches
Diabetiker Pils
0,5 l
EVP 0,98 M

VVB
Sonnenquell
Köstritzer Schwarzbier
Brauerei
Bad Köstritz
Waren-Nr. 684513

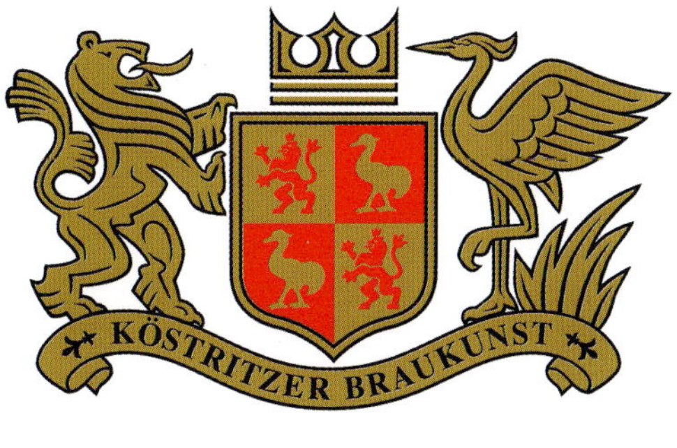
KÖSTRITZER BRAUKUNST

Köstritzer Schwarzbier
Köstritzer
Schwarzbier
Brauerei
Bad Köstritz
STEHEND UND KÜHL AUFZUBEWAHREN

WAR
JEDER EINKAUF E
DRESDEN · ERNST-T
TELEFON 44021

Erholungsheim

Bärenblut und Eselsmilch

ROMANIA
TARNAVE
KOKELTALER ALTSCHLOSS
Nr. 18312400 Evp 6,3
ROMANIA · VINEXPORT · ROMANIA
1989
0,7 l
BAD KÖSEN
MÜLLER-THURGAU
EULAUER HEIDEBERG
LAGEN- UND SORTENREINE FASSLAGERUNG
VEG WEINBAU NAUMBURG
HSL 1831311

Bärenblut, Eselsmilch, Feuertanz – Süffiges vom Schwarzen Meer

Der in der DDR erhältliche Wein kam zu größten Teilen aus dem (sozialistischen) Ausland und nur zu einem geringen Teil aus der DDR selbst. Hauptlieferländer waren neben der Sowjetunion vor allem Rumänien, Bulgarien, Jugoslawien und Ungarn – und ein wenig Wein kam aus Rheinhessen und der Pfalz.

Entsprechend der allgemeinen Geschmackslage waren die Weine lieblich und machten vielen ihrer „Genießer" dicke Köpfe, was nicht nur an den Trinkgewohnheiten lag. Einer der wichtigsten Importweine war „Goldener Nektar", ein Weißwein aus Ungarn, der süffig und vollsüß war und auf dem Etikett von sich selbst sagte: „Temperamentvoll und beschwingt wie Czardasklänge". Vertrieben wurde er für 6 Mark die 0,7-Liter-Flasche vom VEB Getränkekombinat Weingroßkellerei Berlin, prämiert als „Betrieb der ausgezeichneten Qualitätsarbeit". Außerdem gab es beispielsweise auch „Goldener Herbst", einen lieblich-fruchtigen sowjetischen Weißwein für 5,50 Mark, ebenfalls in Berlin abgefüllt. Aus der Sowjetunion kam desweiteren der milde Weißwein „Natalie". Etwas teurer zu 7 Mark die Flasche war der Rotwein „Klostergeflüster", exportiert durch VINIMPEX in Sofia, in Bulgarien erzeugt und abgefüllt. Zu 4,45 Mark gab es weißen „Banater Fuchsberg", abgefüllt durch den VEB Weinbrennerei Meerane. Der Plattensee-Riesling, auch von dort, kostete 4,80 Mark. „Balkanfeuer" hieß der beliebte bulgarische Dessertwein der Edekazentrale eGmbH Karl-Marx-Stadt. Er kostete 5,40 Mark die 0,7-Liter-Flasche. Darüber hinaus wurden Rosenthaler Kadarka aus Ungarn und die Weißweine Cotnari und Mufatlar gerne getrunken.

Wie bei anderen Produkten griff auch beim Wein die scheinheilige Preispolitik der DDR-Staatsführung – offiziell gab es keine Preiserhöhun-

gen, aber durch Produktwechsel wurden neue Weine einfach teurer verkauft. Kostete früher der der älteren DDR-Generation wohlbekannte bulgarische Rotwein „Hügel" noch 3 Mark die Flasche, so stiegen die Flaschenpreise für spätere, aber gleich einfache Rotweine auf 5 Mark und mehr. Viele dieser Weine sind in der Versenkung verschwunden – weil sie schlicht zu dünn und zu süß waren. Nur „Bärenblut" kann man noch kaufen – er wird weiterhin als einfacher bulgarischer roter Tischwein gekeltert.

Neben den eigentlichen Weinen waren in der DDR auch viele Fruchtweine unterschiedlichster Zusammensetzung im Angebot. So bot die VEB Kelterei Neugreussing den Mehrfrucht-Tischwein „Hirschblut" zu 2,75 Mark die Flasche an. Aus der Weinkellerei H. Köhler KG gab es vor der endgültigen Verstaatlichungswelle den gesüßten Rotwein „Liebeszauber". Ebenfalls zu 2,75 Mark die Flasche presste der VEB Süßmostkelterei Freyburg/Unstrut Apfel-Tischwein. Zum gleichen Preis bot beispielsweise der VEB Süßmost- und Obstweinkelterei Mochau Rhabarber-Tischwein an.

Weinberg „an der Polargrenze"

Endlich gibt es auch Weinbau in Mecklenburg-Vorpommern! Der Bundesrat hatte am 13. Februar 2004 eine Änderung der Weinbauverordnung beschlossen, nach der jetzt auch im Stargarder Land Weinreben gewerblich kultiviert werden dürfen. Rheinland-Pfalz hatte sich bereit erklärt, entsprechende Flächen für Mecklenburg-Vorpommern freizugeben – denn in der Europäischen Union sind die Weinbauflächen genau festgelegt! Übrigens gab es schon vor 800 Jahren Weinbau um Mirow und Burg Stargard. Heute gibt es wieder 3,5 Hektar Rebfläche an der Burg Rattey östlich von Neubrandenburg. Hier wird Mecklenburger Landwein produziert – eine echte Rarität!

Wein von Elbe, Saale und Unstrut

Volkseigene Weine gab es natürlich auch, aber sie waren kaum erhältlich. Das, was volkseigen produziert wurde, war zudem meist viel zu sauer, um dem an süße Weine gewöhnten DDR-Gaumen zu schmecken. Die wenigen guten ostdeutschen Weine wurden Gästen auf Staatsempfängen eingeschenkt oder blieben den Interhotels, Mitropa und ähnlichen Absatzkanälen vorbehalten.

Dabei kann der Wein im heutigen Ostdeutschland in den Anbaugebieten von Saale-Unstrut und Sachsen auf eine lange Tradition zurückblicken. Vor allem die hier im Mittelalter gegründeten Klöster förderten den Weinbau, benötigten sie doch den Wein für ihre Gottesdienste – aber die Mönche waren auch ansonsten dem Wein nicht abgeneigt. Im Anbaugebiet Saale-Unstrut führt die erste urkundliche Erwähnung des Weinbaus in einer Schenkungsurkunde Kaiser Otto III. an das Kloster Memleben in das Jahr 889 zurück. Größter Weinbergsbesitzer war die 1137 gegründete Abtei Pforta. Schon 1154 wird der erste Weinberg des Klosters, der Köppelberg, erwähnt.

Sagenumwoben ist der Beginn des Weinbaus in Sachsen. Danach soll der legendäre Bischof Benno bereits um 1100 an der Meißner Albrechtsburg

Fruchtweine erfreuten sich in der DDR besonderer Beliebtheit

Rebstöcke gepflanzt haben. Urkundlich ist belegt, dass 1161 Markgraf Otto der Reiche einen bereits gut im Ertrag stehenden Weinberg dem Meißner Burggrafen schenkte. Im 15. und 16. Jahrhundert erreichte der Weinbau in Sachsen dann seine größte Ausdehnung. Wein wurde zu dieser Zeit nicht nur an den traditionellen Standorten im Elbtal zwischen Diesbar-Seußlitz und Pirna kultiviert, sondern auch entlang der Freiberger und Zwickauer Mulde. Selbst im Leipziger Land förderten Pegauer Mönche und das Hochstift Merseburg den Weinbau.

40 % der ostdeutschen Rebflächen werden in terrassierten Hanglagen kultiviert

Zu DDR-Zeiten wurde dem Weinbau nicht die gleiche Aufmerksamkeit geschenkt wie anderen Zweigen der Landwirtschaft. Die staatliche Unterstützung war recht gering, und da die DDR-Weinbaugebiete auch die nördlichsten Europas sind, waren die naturräumlichen Voraussetzungen auch nicht besonders gut, um hier edle Weine zu erzeugen – dazu fehlte es, von Ausnahmen abgesehen, letztlich auch an der erforderlichen Qualitätsorientierung, denn heute werden hier exzellente Weine gekeltert. Ganz wesentlich lebte der DDR-Weinbau von Hobby-Winzern, die sich die Genehmigung von ihren LPGs geben ließen, auf geeigneten Flächen Reben zu kultivieren. Durch Abgabe der Trauben ließ sich nicht nur ein beachtlicher Nebenverdienst erzielen, man kam auf diese Weise auch an heimischen Wein.

An den Kalkhängen des Weinanbaugebietes der Unstrut gedeihen vor allem Müller-Thurgau und Silvaner

Das Weinanbaugebiet Saale-Unstrut ist nach wie vor das nördlichste in Europa. Es zählt zu den kleinen deutschen Anbaugebieten und erstreckt sich hauptsächlich über das Bundesland Sachsen-Anhalt, berührt aber auch Thüringen und Brandenburg. Wein wird hier entlang der Flüsse Saale und Ilm ab Bad Sulza und an der Unstrut ab Nebra stromabwärts bis nach Naumburg und Weißenfels angebaut. Darüber hinaus umfasst die Region auch Lagen bei Höhnstedt am Süßen See und bei Werder in Brandenburg. Die Weine dieser Anbauregion werden durch ihre frische Säure charakterisiert. Es wird hauptsächlich Weißwein der Rebsorte Müller- Thurgau kultiviert, daneben Grau- und Weißburgunder, Silvaner,

Riesling und Kerner. Weitere Weißweinsorten sind Bacchus, Gutedel, Morio-Muskat und Traminer. Unter den Rotweinreben dominieren Dornfelder, Portugieser und Spätburgunder, darüber hinaus auch Blauer Zweigelt und Lemberger.

Auch das sächsische Weinbaugebiet zählt zu den kleinen deutschen Anbaugebieten und konzentriert sich heute auf Lagen im Elbtal zwischen Diesbar-Seußlitz und Pirna, vorbei an dem Burgberg von Meißen, wo in der Altstadt viele gemütliche Weingaststätten zum Verweilen einladen, Schloß Wackerbarth und dem Weinmuseum Hoflößnitz an der Treppe zum Spitzhaus. Hier im Elbtal herrscht im Schutz der umgebenden Höhenzüge ein Mikroklima besonderer Art, das das Gedeihen der Reben in diesen Breitengraden überhaupt ermöglicht. Hauptrebsorte in Sachsen ist wie im Gebiet Saale-Unstrut der Müller-Thurgau. In den letzten Jahren haben jedoch Rebsorten wie Riesling und Weißburgunder an Bedeutung gewonnen. Eine sächsische Besonderheit ist der Goldriesling, der nur hier kultiviert wird. Auch Weißburgunder und vor allem Traminer von der Elbe gelten als Rarität. Nach 1945 betrug die Rebfläche im Elbtal nur noch 67 Hektar. Ab Mitte der 50er Jahre nahm aber die Rebfläche wieder zu, woran vor allem die landwirtschaftlichen Genossenschaften, das heutige Staats-Weingut in Radebeul und wesentlich auch Nebenerwerbswinzer beteiligt waren. Während die professionellen Winzer überwiegend traktorengängige Lagen aufrebten, war es hier vor allem den Nebenerwerbswinzern zu verdanken, dass ein Großteil der durch Mauern und Terrassen gegliederten Steillagen wieder mit Reben bepflanzt wurde und somit das traditionelle Bild vom Weinbau an der Elbe erhalten blieb.

Typisch für die Weinanbaugebiete Ostdeutschlands sind die Weinberghäuser in denen die Winzer ihre Gerätschaften lagerten und die auch zum Keltern dienten.

Rotkäppchen erobert die Welt

Im Jahre 1856 wurde in Freyburg die „Freyburger Champagner-Fabrik-Gesellschaft" gegründet, ein Gemeinschaftsunternehmen dreier Gesellschafter, das allerdings schon bald liquidiert werden musste. Den Großteil der Materialien der Gesellschaft erwarb die Sektkellerei Kloss & Foerster. Das neue Unternehmen florierte unter anderem mit französisch anmutenden Sektmarken wie „Monopol", „Crémant Rosé" oder „Lemartin frères" und erhielt für seine Produkte laufend Auszeichnungen auf internationalen Ausstellungen. Doch im Jahre 1894 trat für Kloss & Foerster ein Problem auf, das sich jedoch als Segen erweisen sollte. Das Gesetz zum Schutz der Warenbezeichnungen vom 12. Mai 1894 ermöglichte dem Champagnerhaus Heidsieck Monopole ein Vorgehen gegen die Freyburger Marke „Monopol". Heidsieck gewann den Prozess, Kloss & Foerster durfte die Bezeichnung „Monopol" nicht mehr führen – und nannte seither sein Hauptprodukt nach dem roten Flaschenverschluss „Rotkäppchen". Für diesen neu bezeichneten Sekt wurde 1896 das größte geschnitzte Cuvéefass Deutschlands aus 25 Eichen hergestellt. Es diente zur Lagerung von bis zu 160.000 Flaschen Sekt. Heute ist dieses Fass eine der Hauptattraktionen der Kellerei Rotkäppchen, die jährlich von über 125.000 Touristen besucht wird.

Bis zum Ersten Weltkrieg setzte sich der Firmenerfolg fort, doch der Krieg und die folgende Weltwirtschaftskrise bereiteten dem Unternehmen Probleme. Bis zum Zweiten Weltkrieg ging es dann zunächst wieder bergauf.

Nach dem Zweiten Weltkrieg teilte die Firma Kloss & Foerster das Schicksal fast aller Unternehmen im damaligen Mitteldeutschland: Sie wurde enteignet und in den „VEB Rotkäppchen Sektkellerei Freyburg" umgewandelt. Doch nun erst setzte der eigentliche Erfolg dieser Sektkellerei durch Abkehr vom klassischen Rüttelverfahren zur Filterationsenthefung, der „Transvasionsenthefung", ein. Die Kapazität konnte durch das neue Großraumgärverfahren erheblich ausgeweitet werden. Auch das Sortiment wurde erweitert, Sonderabfüllungen getätigt. Für das Delikatprogramm und die Intershopbelieferung wurde 1980 die neue Sektserie „Carte noire", „Carte blanche" und „Carte d'or", und ein Jahr später, zum 125jährigen Bestehen der Kellerei, der „Jubiläumssekt" kreiert. Die Rotkäppchen Sektkellerei hatte sich zweifelsohne zu einem der prestigeträchtigsten Unternehmen der DDR hochgearbeitet.

Mit der Wende kam zunächst ein erneuter Einbruch – die Konkurrenz aus dem Westen zwang zur Produktions- und Personaleinschränkung, trotz Anpassung der Produkte an die neuen Marktbedingungen. Das inzwischen zur Treuhand gehörige Unternehmen wurde 1993 im Management-Buy-Out-Verfahren veräußert. Sechzig Prozent der Anteile gingen an die von der Treuhand ab 1990 eingesetzten Geschäftsleitungsmitglieder, die anderen vierzig Prozent der Anteile an die Familie Eckes-Chantré. Nun war der Aufstieg unaufhaltsam. Zum 100. Jubiläum der Marke „Rotkäppchen" wurde zudem ein Sekt ausschließlich aus Saale-Unstrut-Weinen im Flaschengärverfahren hergestellt. Heute gehört „Rotkäppchen" zu den bedeutendsten deutschen Sektmarken – und verkörpert eine der großen ostdeutschen Erfolgsgeschichten!

Rotkäppchen
Kloss & Foerster
Freyburg a/U.
GRUSS von Kempinski, BERLIN.
22/12. 1900

Rotkäppchen
Kloss u. Foerster
Freyburg a/U.
Lagerfässer.
Unterer Teil des
120 000 Ltr.-Fasses.

Bärenblut und
Eselsmilch:

Rezepte

Ungarischer Apéritif

Zutaten

1/4 l „Promonter Gold"
0,2 l Mineralwasser
2 El Früchte
Eiswürfel

Zubereitung

1 Dessertwein mit Mineralwasser mischen.

2 Eiswürfel in zwei Longdrinkgläser geben, die klein geschnittenen Früchte dazugeben, mit dem Gemisch aus Wein und Mineralwasser füllen und mit einem Cocktaillöffel servieren.

Anmerkung

- „Promonter Gold" war der beste Dessertwein, der in der DDR aus Ungarn erhältlich war.

Sektfeuerwerk

Zutaten

1 Kirsche
3 Tl Zitronensaft
3 Tl Johannisbeersirup
Eiswürfel
„Rotkäppchen" Sekt
1 Stück unbehandelte Zitronenschale

Zubereitung

1 In ein Sektglas 1 Eiswürfel und 1 Kirsche geben.

2 Zitronensaft und Sirup dazugeben und mit gut gekühltem Sekt auffüllen.

3 Zur Abrundung noch etwas Zitronenöl hineinspritzen, indem man die Zitronenschale mit der Außenseite nach unten über dem gefüllten Glas ausdrückt.

Pusztagold

Zutaten

1/4 l Dessertwein „Promonter Gold"
1/2 l Milch
1/4 l Sauerkirschsaft
1 Päckchen „Komet-Eispulver" Vanillegeschmack

Zubereitung

1 Den Wein mit Milch und Saft vermischen und das Eispulver im Mix auflösen.

2 Das Getränk sehr kühl mit einem Strohhalm servieren.

Anmerkungen

- Komet-Eispulver gab es in mehreren Geschmacksrichtungen seit den 80er Jahren in der DDR. 1959/60 entwickelte das Ehepaar Pöhle, Inhaber einer Teigwarenfabrik im sächsischen Großpostwitz ein Speiseeispulver zur Herstellung von Speiseeis im Haushalt – ein Novum auf dem DDR-Markt, das begeisterten Zuspruch fand. Nach Zwangsversteigerung (VEB Komet Eierteigwaren- und Speiseeispulverfabrik) und Reprivatisierung im Jahre 1990 ist Komet mit überzeugender Qualität und erweiterter Produktpalette erfolgreich zurück auf dem Markt.

Roter Pfirsich

Zutaten

3 Pfirsiche
150 g Zucker
2 Flaschen Rotwein
4 cl Weinbrand-Verschnitt z. B. „Herz Ass“ oder „Joker Spezial“ des VEB Bärensiegel Berlin

Zubereitung

1 Die Pfirsiche waschen, entkernen, ungeschält in kleine Würfel schneiden und mit Zucker bestreuen.

2 Über die Pfirsiche eine Flasche Rotwein gießen und 1 Stunde ziehen lassen.

3 Den restlichen Rotwein dazugeben und die Rotweinbowle geschmacklich mit dem Weinbrand-Verschnitt abrunden.

4 Die Rotweinbowle in dekorativen Sektschalen servieren.

Anmerkung

- Für diese Bowle wurde zu DDR-Zeiten üblicherweise einer der aus Bulgarien oder Rumänien stammenden Rotweinimporte wie etwa „Bärenblut“ genommen. Im Endergebnis war die Rotweinbowle für unsern heutigen Geschmack viel zu süß.

Pfefferminz-Melone

Zutaten

1 Zuckermelone
4 cl Pfefferminzlikör
1 El Staubzucker
2 Zitronen
1 Flasche „Rotkäppchen Sekt"

Zubereitung

1 Die Melone halbieren, das kernige Innere entfernen, die Melonenhälften in Streifen schneiden und das Fleisch ohne Schale in kleine Würfel schneiden.

2 Die Melonenstücke auf Becher verteilen.

3 Den Saft der Zitronen mit Staubzucker verrühren, mit dem Pfefferminzlikör vermischen und auf die Melonenwürfel geben.

4 Die marinierten Melonenwürfel kühl stellen, auf Gläser verteilen und zum Servieren mit Sekt auffüllen.

Anmerkungen

- Fernsehkoch Drummer hat dieses Rezept in einer seiner Sendungen vorgestellt – zu diesem Zeitpunkt muss es ausnahmsweise einmal Zuckermelonen gegeben haben.
- Staubzucker war die in der DDR übliche Bezeichnung für Puderzucker.

Frucht-Bowlen

Ananasbowle

Zutaten

1 mittelgroße Ananas
150-200 g Zucker
2 cl Gin
2 cl Curaçao
2 Flaschen Weißwein
Zuckersirup zum Abschmecken
2 Flaschen Selterswasser (oder Sekt)

Zubereitung

1 Die Ananas schälen, in Scheiben schneiden und in ein großes Bowlengefäß geben.

2 Die Ananasscheiben mit Zucker bestreuen und dann mit Gin, Curaçao und einer Flasche Weißwein übergießen.

3 Die eingelegten Ananasscheiben zwei bis drei Stunden ziehen lassen.

4 Zum Servieren die zweite Flasche Weißwein dazugeben und mit dem Sirup abschmecken. Das Selterswasser zufügen und die Bowle mit jeweils einigen Ananasstücken in Gläser geben.

Anmerkung

- Es ist anzumerken, dass anstelle der frischen Früchte wie Ananas, Erdbeeren, Kirschen oder Himbeeren auch Dosenobst verwendet werden kann, dann sollte aber der Zuckerzusatz herabgesetzt werden. (Auch dann sind diese Bowlen nach alter DDR-Rezeptur noch viel zu süß!). Nach heutigen Geschmacksvorstellungen reduziert man den Zuckerzusatz in den Rezepten.
- Wenn anstelle von Selterswasser Sekt zugegeben wird, verlieren die vorgestellten Rezepte den Charakter limonadenartiger Bowlen – dennoch, auch der DDR-Sekt war süß und hat letztlich den süßen Charakter dieser Bowlen nicht aufgehoben, sondern eher verstärkt.

Erdbeerbowle

Zutaten

500 g Erdbeeren
200 g Zucker
2 Flaschen Rotwein
0,1 l Weinbrand-Verschnitt z.B. „Herz Ass“ oder „Joker Spezial“ des VEB Bärensiegel Berlin
2 Flaschen Selterswasser (oder Sekt)

Zubereitung

1 Die Erdbeeren waschen, entstielen, halbieren und mit Zucker ansetzen bis sie Saft ziehen.

2 Danach die Erdbeeren mit einer Flasche Rotwein und dem Weinbrand-Verschnitt übergießen und je nach Konsistenz der Früchte bis zu zwei Stunden ziehen lassen.

3 Zum Servieren die zweite Flasche Rotwein dazugeben und die Bowle mit dem Selterswasser (oder Sekt) auffüllen.

Anmerkung

- Gerne wurde anstelle von Zucker auch Erdbeersirup zum Einlegen der Früchte verwendet.

Kirschbowle

Zutaten

1 kg Sauerkirschen
150 g Zucker
4 cl Rum
2 cl Curaçao
2 Flaschen Rotwein
Zuckersirup zum Abschmecken
2 Flaschen Selterswasser (oder Sekt)

Zubereitung

1 Die Kirschen entsteinen und in Zucker, Rum, Curaçao und etwas Rotwein eine Stunde ziehen lassen.

2 Zum Servieren den verbleibenden Rotwein zugeben, die Bowle mit Zuckersirup abschmecken und mit Selterswasser (oder wahlweise Sekt) auffüllen.

Himbeerbowle

Zutaten

400 g Himbeeren
150 g Zucker
etwas Himbeersirup
2 Flaschen Rotwein
0,1 l Weinbrand-Verschnitt wie z.B. „Goldbrand"
2 Flaschen Selterswasser

Zubereitung

1 Die Himbeeren verlesen, waschen, in ein Bowlengefäß geben, mit Zucker bestreuen und mit etwas Himbeersirup übergießen.

2 Den Rotwein bis auf einen Rest über die Himbeeren gießen.

3 Die Früchte zwei bis drei Stunden ziehen lassen.

4 Zum Servieren den Weinbrand-Verschnitt mit dem Rest des Rotweins und dem Selterswasser vermengen und gleichmäßig in das Bowlengefäß gießen.

Waldmeisterbowle

Zutaten

1 Sträußchen Waldmeister ohne Blüten
2 Flaschen milder Weißwein
1 Flasche Sekt
1 Apfelsine

Zubereitung

1 Den Waldmeister eine Stunde vor dem Ansetzen der Bowle gründlich waschen und vorsichtig in einem Handtuch trocknen.

2 Dann den Waldmeister im Bowlengefäß mit einer halben Flasche Wein ansetzen.

3 Den Waldmeisterstrauß nach 15 Minuten herausnehmen.

4 Den restlichen Wein in das Bowlengefäß geben und die Bowle kalt stellen.

5 Die Apfelsine heiß abwaschen und trocknen.

6 Zum Servieren Bowlengläser zur Hälfte mit dem Bowlenansatz füllen und mit kaltem Sekt auffüllen, dazu in jedes Glas eine Apfelsinenscheibe geben.

Anmerkung

- Zu langes Ziehen des Waldmeisters in der Bowle kann zu Kopfschmerzen führen!

Kalte Ente

Zutaten

Schale einer unbehandelten Zitrone
2 Flaschen milder Weißwein
1 Flasche Sekt

Anmerkungen

- Als „Kinderbowle" wird anstelle von Sekt Selterswasser eingegossen.
- Um die kalte Ente intensiver zu machen, setzt man den Wein mit dem Saft von zwei Zitronen, etwas Zucker und abgeriebener Zitronenschale an. Dazu gibt man zur Bowle noch 4 cl Curaçao.

Zubereitung

1 Die Zitronenschale möglichst dünn und spiralenförmig abschälen, damit keine darunter sitzende weiße Haut zurück bleibt und damit sich eine ganz lange Spirale ergibt.

2 Den gekühlten Wein in ein Bowlengefäß geben.

3 Die Zitronenschale über einen auf das Gefäß gelegten Löffel in den Wein hängen lassen.

4 Wenn der Wein das Zitronenaroma angenommen hat, die Schale aus dem Wein entfernen.

5 Zum Servieren Bowlengläser halb füllen und mit kaltem Sekt aufgießen.

Johannisbeer-Bowle

Zutaten

300 g schwarze Johannisbeeren
150 g Zucker
4 cl Weinbrand-Verschnitt „Goldbrand"
2 Flaschen Rotwein
2 Flaschen Selterswasser (oder Sekt)

Zubereitung

1 Die schwarzen Johannisbeeren entstielen, mit der Gabel andrücken und den Zucker darüber geben.

2 Die Früchte mit einer Flasche Rotwein und dem Weinbrand übergießen und zwei bis drei Stunden ziehen lassen.

3 Den Ansatz durch ein Sieb gießen und mit der zweiten Flasche Rotwein auffüllen.

4 Zum Servieren die Bowle mit Selterswasser auffüllen.

Anmerkungen

- Anstelle von Zucker kann schwarzer Johannisbeeren-Sirup eingesetzt werden.
- Zur Garnierung kann an den Rand eines jeden Glases eine frisch gewaschene und durch Zucker gezogene Johannisbeerenrispe gehängt werden.

Melonenbowle

Zutaten

1 kleine Melone
100 g Zucker
geriebener Ingwer
2 Päckchen Vanillezucker
4 cl „Goldkrone" Weinbrand
2 Flaschen Rotwein
1 Flasche Selterswasser (oder Sekt)

Zubereitung

1 Die Melone halbieren, das kernige Innere entfernen, die Melonenhälften in Streifen schneiden und das Fleisch ohne Schale in kleine Würfel schneiden.

2 Die Melonenstückchen in ein Bowlengefäß geben, Zucker, Vanillezucker und geriebenen Ingwer nach Geschmack darüber geben, mit Weinbrand übergießen und mit Rotwein auffüllen, bis die Früchte bedeckt sind.

3 Das Bowlengefäß auf Eis stellen und die Früchte eine Stunde ziehen lassen.

4 Zum Servieren den restlichen Rotwein zugeben und mit Selterswasser auffüllen.

Anmerkung

- Wer kein Bowlengefäß besaß, der konnte folgendermaßen verfahren: Nur eine Hälfte der Melone in kleine Stücke schneiden, an der zweiten Hälfte die Schale belassen und sie zu einem Bowlengefäß aushöhlen, in dem dann die Bowle serviert wird.

Punsch-Rezepte

Punsch war ausgesprochen beliebt in der DDR und die in Betracht kommenden Rot- und Weißweine aus den „Bruderländern" waren wegen ihrer Süße dafür auch besonders geeignet. DDR-Fernsehkoch Drummer hat uns eine Reihe von Punsch-Rezepten hinterlassen.

Das Wort Punsch bedeutet übrigens „fünf" und stammt von dem Hindi-Wort *„pantsch"*. Aus Indien kommt auch der Ur-Punsch, der schon vor mehreren hundert Jahren dort getrunken wurde – ein Gemisch aus Arrak, Zucker, Zitronensaft, Gewürzen und Wasser, eben fünf Zutaten. Englische Soldaten, die in Indien Dienst getan hatten, brachten den Punsch in ihre heimatlichen Hafenkneipen, und irgendwann entwickelten sich auch heiß getrunkene Variationen auf der Basis von Tee. Aber auch in Europa gibt es schon eine lange Tradition von Getränken wie Punsch aus Wein oder Schnaps, beispielsweise den Glühwein oder den Glögg aus Skandinavien.

Feuerzangenbowle

Zutaten

2 Flaschen Rotwein
Saft von 1 Zitrone
Saft von 1 Apfelsine
1 Zuckerhut
1/2 l Rum

Zubereitung

1 Den Rotwein in einem speziellen Feuerzangenbowle-Kessel erhitzen.

2 Den Zitronen- und Apfelsinensaft dazugeben.

3 Quer über den Kessel die Feuerzange legen und den Zuckerhut darauf stellen.

4 Den Zuckerhut mit etwas Rum übergießen und den Alkohol einziehen lassen. Anschließend anzünden.

5 Langsam mit einer Kelle den restlichen Rum über den Zucker träufeln, bis dieser ganz geschmolzen und in den Kessel getropft ist.

6 Zum Servieren die Feuerzangenbowle in Punschgläser füllen.

Anmerkungen

- Besonders attraktiv ist es, den Zucker im verdunkelten Zimmer abzubrennen, sodass seine bläuliche Flamme geheimnisvoll schimmert.
- Man kann die Feuerzangenbowle mit ein paar Nelken und etwas Stangenzimt würzen, sollte aber die Gewürze vor dem Abbrennen des Zuckers aus dem Kessel herausfischen.

Indischer Muskatpunsch

Zutaten

1 l starker Teeaufguss von indischem Tee
Zucker
2 unbehandelte Zitronen
1/2 Flasche Rotwein
1/8 l Rum
1/8 l „Goldkrone" Weinbrand
Muskatnuss

Zubereitung

1 Den Teeaufguss mit Zucker süßen.

2 Eine Zitronenschale abreiben und den Abrieb dazugeben.

3 Danach Rotwein, Rum und Weinbrand hinzufügen.

4 Den Punsch erhitzen, mit geriebener Muskatnuss und dem Saft der Zitronen abschmecken.

5 Zum Servieren Gläser mit dem Punsch füllen und mit Zitronenscheiben garnieren.

Silvesterpunsch

Zutaten

1/2 l Wasser
300 g Zucker
3 Nelken
1 Stückchen Zimt
1 unbehandelte Zitrone
2 Flaschen Rotwein
1/4 l Rum

Zubereitung

1 Das Wasser mit den Gewürzen und dem Zucker 5 Minuten kochen lassen.

2 Die Zitrone abwaschen, abtrocknen, in Scheiben schneiden und die Kerne entfernen.

3 Den Rotwein und die Zitronenscheiben zum gewürzten Zuckerwasser geben.

4 Den Punsch erneut erhitzen, ohne ihn kochen zu lassen.

5 Den Punsch durchseihen, Rum dazugeben und heiß servieren.

Glühwein Spezial

Zutaten

1 Flasche Weißwein
2 Flaschen Rotwein
200 g Zucker
5 Nelken
1 Stange Zimt

Zubereitung

1 Alle Zutaten zusammen in einem geeigneten Behältnis erhitzen, bis sich der Zucker gelöst hat.

2 Die Zimtstange und die Nelken aus dem Glühwein entfernen.

3 Den Punsch in hitzebeständige Gläser füllen und heiß servieren.

Tomaten-Bowle

Zutaten

500 g Tomaten
3 Zitronen
100 g Zucker
1 Tl Paprika
2 Flaschen Weißwein
1 Flasche Sekt
Zitronenscheiben

Zubereitung

1 Die Tomaten waschen, häuten und zerquetschen.

2 Das Tomatenmus mit dem Saft der Zitronen, der abgeriebenen Schale einer Zitrone, dem Zucker, Paprika und einer halben Flasche Wein ansetzen.

3 Nach einer Stunde die Bowle in ein Bowlengefäß durchseihen.

4 Den restlichen Wein und dann den Sekt dazugeben.

5 In Bowlengläser je eine Scheibe Zitrone geben und die Bowle eingießen.

Herr Mengelmann weiß nur zu gut,
Was richtige Gewöhnung tut.
Er hat aus der Gewohnheit, allabendlich sein Gläschen Köstritzer zu trinken, sozusagen eine Tugend gemacht. Er sagt sich nämlich: Köstritzer Schwarzbier ist jetzt in erster Linie für die da, die es besonders nötig haben. Wer regelmäßig sein Gläschen trinkt, tut seinen Nerven einen Gefallen und stärkt seinen Körper.
Köstritzer Schwarzbier
gibt's in den Bierhandlungen u. Lebensmittelgeschäften
Generalvertrieb: Bier-Krüger, Berlin-Karlshorst
Dönhoffstraße 27, Tel. 50 11 50
Flaschenbierabzug: Gebr. Stanik, G.m.b.H., Berlin NO 18
JB

Kater-
rezepte

Gegen den Kater

Morgendlicher Kater nach reichlichem vorabendlichem Alkoholgenuss war in der DDR eine zwangsläufig häufige Erscheinung. Man wusste sich mit einfachen Mitteln zu helfen:

Neues Leben

Zutaten

1 Zitrone
1 Tasse schwarzer Kaffee

Zubereitung

1 Den Zitronensaft in den heißen Kaffee geben und das Getränk in langsamen Schlucken zu sich nehmen.

Bier mit Zitrone

Zutaten

1 Zitrone
1 Flasche Radeberger Pils

Zubereitung

1 Einfach den Zitronensaft in das gekühlte Bier geben

Anmerkung:

- Ein wirkungsvolles Mittel gegen den Nachdurst!

Tomatenmix

Zutaten

1 Spritzer Tomatenketchup
1 Spritzer Picnic-Sauce
1 Prise Selleriesalz
2 Spritzer Zitronensaft
4 cl Tomatensaft

Zubereitung

1 Alle Zutaten im Shaker mit Eis schütteln und abseihen.

Anmerkung

- Die Würzung dieses Katercocktails machte ihn besonders wirkungsvoll. Übrigens war „Picnic-Sauce die DDR-Bezeichnung für Worcestersauce, die in Restaurants gerne zu Würzfleisch oder Steak gereicht wurde. Die leicht scharfe Würzsauce wurde aus Branntweinessig, Tomatenmark, Likörwein, Tamarindenmus, Sardellenextrakt, Zitronensaft, Zucker, Salz, Sojasauce, Gewürzen, Aromen und Farbstoffen hergestellt. Picnic-Sauce gehörte zu den vielen Bückwaren in der DDR.

Katergift

Zutaten

4 cl Gotano-Vermouth
1 Tl Zucker
1 Ei
1 Spritzer Angostura

Zubereitung

1 Alle Zutaten im Shaker schütteln.

Anmerkung

- Wermut (in der DDR für die Hauptmarke „Gotano" gerne als *Vermouth* geschrieben) ist ein mit Gewürzen und Kräutern aromatisierter Wein. Seinen Namen verdankt der Wermut dem Wermutkraut *(Artemisia absinthium)*, dessen bittere Aromastoffe den Geschmack dieses Getränks prägen. Gotano Vermouth war allerdings so süß, dass dieses Katergift seine Wirkung verfehlt haben dürfte.

Helles Erwachen

Zutaten

2 cl Weinbrand Amitié
2 cl Kondensmilch
Selters

Zubereitung

1 Weinbrand und Kondensmilch im Shaker mit Eis schütteln, abseihen und mit Selters auffüllen.

Anmerkung:

- Amitié war ein hochpreisiger echter Weinbrand des VEB Nordbrand Nordhausen – kein Verschnitt, der übrigens unter anderem auch vom VEB Schilkin in Berlin geliefert wurde. Der Preis pro Flasche mit 22,00 Mark war für DDR-Verhältnisse enorm, was aber seiner Beliebtheit keinen Abbruch tat.

Mecklenburger Nikolaschka

Zutaten

4 cl Korn
1 Scheibe Leberwurst,
Senf

Zubereitung

1 In ein schmales Likörglas den gut gekühlten Korn geben, an den Rand die mit Senf bestrichene Scheibe Leberwurst legen.

2 Beim Trinken die Leberwurst mit den Lippen abnehmen, zerkauen und den Korn nachtrinken.

Anmerkung

- Eine norddeutsche Trinksitte, die viel älter als die DDR ist.

Eierlikör

Zutaten

6 Eigelb
250 g Staubzucker
100 ml Kondensmilch
1/2 l Nordhäuser Korn

Zubereitung

1 Die Eigelb im gesiebten Staubzucker schaumig schlagen.

2 Die Kondensmilch langsam dazugeben.

3 Abschließend den Korn tropfenweise zugeben.

4 Den Eierlikör in eine Flasche füllen, verkorken und stehen lassen, bis der Eierlikör dickflüssig geworden ist.

ESA DT 29

Disco
AB 19 UHR
SCHNELL
GASTRONOMIE

COFFEINHALTIGE LIMONADE
I II III IV V VI VII VIII IX X XI XII
DISCO COLA
1 3 5 7 9 11 13 15 17 19 21 23 25 27 29 31
0,33 l
HSL 196 13 10
TGL 6801/04
VEB Brauerei Wiesenburg
im VEB GK Potsdam
EVP 0,35 M

DDR
Ein
Blumenstrauß
unsere Republik
35 Jahre
Deutsche
Demokratische Republik

Achtung! Zonengrenze
ca 50 m
Rechts halten

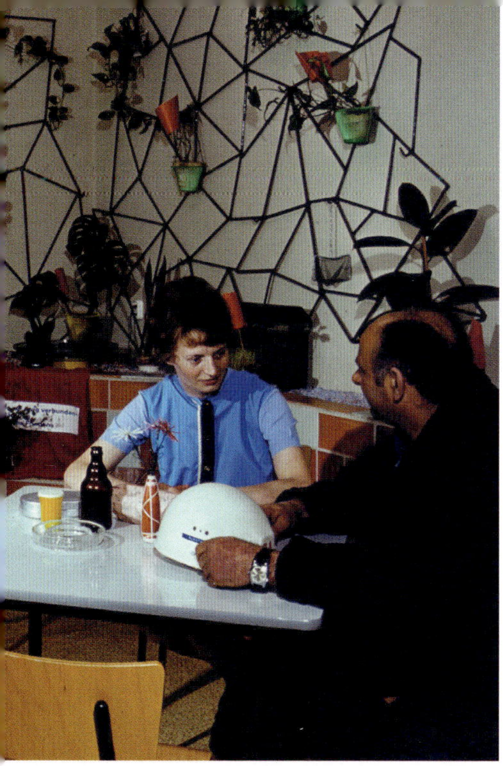

Glossar

DDR-Getränke-Glossar

AKA Elektrik

„In jedem Haus zu Hause“ war der Spruch der Vereinigten Volkseigenen Betriebe Elektrische Konsumgüter, deren Haushaltsgeräte in fast jeder Wohnung anzutreffen waren. Vor allem der Mixer war vielseitig verwendbar.

Alkbüchse

Im Jargon der Wehrpflichtigen der Nationalen Volksarmee (NVA) war „Alk“ die umgangssprachliche Bezeichnung für Alkohol. Beliebt war es, Obstdosen zu präparieren, indem man das Etikett vorsichtig löste, mittels zweier gebohrter Löcher den Saft auslaufen ließ, mit Primasprit wieder auffüllte, die Löcher mit Lötzinn verschloss und das Etikett wieder darüber anbrachte – so konnte Hochprozentiges in die Kasernen geschmuggelt werden.

Alu-Chips

Despektierliche Bezeichnung für das Aluminium-Hartgeld der DDR.

Amitié

Echter Weinbrand des VEB Nordbrand Nordhausen – kein Verschnitt, der unter anderem auch vom VEB Schilkin in Berlin hergestellt wurde. Der Preis war mit 22,00 Mark pro Flasche für DDR-Verhältnisse recht hoch.

Antiimperialistischer Schutzwall

Offizielle DDR-Bezeichnung für die „Mauer“, die seit dem 13. August 1961 die Staatsgrenze der DDR zum Westen abschottete. Damit war der Bevölkerung der DDR auch die Möglichkeit der „Zusatzversorgung“ aus dem Westen genommen worden.

Aromatique

Beliebter Kräuterlikör des VEB Neudietendorf, der erst sehr spät verstaatlicht wurde und fast nur im Bezirk Erfurt ständig erhältlich war.

Diese Likörmarke ist ein Musterbeispiel dafür, wie Produkte aus der DDR auch den Übergang in die Marktwirtschaft geschafft haben.

Asco Cola
Neben Club Cola ein weiteres Colagetränk, eher in den nördlichen Bezirken anzutreffen – für viele zu süß und zu kohlensäurearm.

Aubi
Ein alkoholfreies Autofahrerbier. Es schmeckte nicht, so dass die Produktion wieder eingestellt wurde.

Bärenblut
Lieblicher bulgarischer Rotwein, der in der DDR abgefüllt wurde, ganz den Geschmacksvorstellungen der damaligen DDR entsprach und deshalb gerne getrunken wurde.

Bananen
„Ausgerechnet Bananen" – ein Problemprodukt der DDR, wurde selten, in zu kleinen Mengen und oft schon verdorben angeboten.

Bedarfslücke
Umschreibung von Versorgungsmängeln im „DDR-Deutsch".

Behelfsetikett
Umschreibung der einfachen Ersatzetiketten auf Lebensmitteln und Getränken (und anderen DDR-Waren) im „DDR-Deutsch" bei Engpässen in der Etikettenproduktion.

Berliner Weiße
Schankbier des VEB Getränkekombinat Berlin, hauptsächlich für den Export bestimmt.

Bero und Bero Instant
Bohnenkaffee des VEB Berliner Kafferösterei, auch als löslicher Kaffee angeboten, der aber geschmacklich nicht mit Nescafé, den sich DDR-Bürger gerne von ihrer Westverwandtschaft schicken ließen, mithalten konnte.

Bevölkerungsbedarf
Der im Rahmen der DDR-Planwirtschaft durch die Staatliche Plankommission vorgegebene Bedarf an Lebensmitteln und andere Waren des täglichen Bedarfs. Wenn die nach Plan produzierten Waren dann in den Handel kamen, konnte man sie in Waren des allgemein erhältlichen Sortiments, in Ladenhüter und → Bückwaren unterteilen.

Bitter Lemon
Begehrte Zitruslimonade in der DDR.

Blauer Bison
Wodka aus dem VEB Getränkewerk Lautergold, in der ersten Hälfte des 18. Jahrhunderts von sächsischen Laboranten gegründet – hier wurde auch Kräuterlikör, Steinhäger etc. hergestellt. Der Betrieb wurde nach der Wende wieder privatisiert und brennt seither erfolgreich schärfere und scharfe Sachen.

Bodenreform
Nach dem Motto „Junkerland in Bauernhand" noch in der Zeit der sowjetischen Besatzungszone 1945/46 durchgeführte Bodenreform, mit der Großgrundbesitzern ihr Land enteignet und dann landlosen Bauern übereignet wurde. Im Zuge der Realisierung der → Landwirtschaftlichen Produktionsgenossenschaften (LPGs) in den 50-er Jahren wurde diesen Bauern ihr Land aber wieder faktisch enteignet.

Bückware

Bei knapper Warenproduktion und Mängeln in der Distribution waren viele Produkte in der DDR nur selten oder nicht in genügender Menge zu erhalten. Gerade begehrte – und deshalb so knappe – Waren wurden vom Verkaufspersonal in den Geschäften gar nicht erst ins Regal gestellt, sondern nur auf besondere Nachfrage unter dem Ladentisch (durch Bücken) hervorgeholt. Dies setzte natürlich Gegenseitigkeit beim Kunden voraus – aber jeder Werktätige in der DDR hatte eigentlich Zugang zu Dingen, die andere auch benötigten. Deshalb galt die Devise. „Kunden, seid nett zu eurer Verkäuferin"!

Cafésan

Milchpulver als Kaffeesahneersatz – dieser Kaffeeweißer entstammte dem VEB Dauermilchwerke Stendal und bildete leider Klümpchen im Kaffee.

Carena

Relativ teure Limonade des VEB Getränkekombinat Berlin. Dieses Getränk löste andere Limonaden am Markt ab, was einer verdeckten Preiserhöhung gleichkam.

DKK

Kühlgeräte aus dem VEB deutsche Kühl- und Kraftmaschinengesellschaft. Zum Ende der DDR bot DKK ein relativ breites Sortiment an kleineren und größeren Kühlschränken sowie Tiefkühltruhen an. Seit der Wende produziert das Werk u.a. FCKW-freie Kühlschränke.

Club Cola

Koffeinhaltiges Colagetränk verschiedener Getränkekombinate, vom VEB Getränkekombinat Berlin PB Spreequell beispielsweise als Spreequell Club Cola angeboten. Club-Cola war nicht ganz so süß wie Vita-Cola und wurde gerne zu Wodka-Cola gemixt.

Cubasine

Unbeliebte Orange aus Cuba – in Ermangelung von Devisen führte die

DDR zunehmend Zitrusfrüchte aus dem karibischen Bruderstaat mit genauso schwacher Währung wie die „Mark der DDR“ ein. Cubasinen ließen sich nur schwer pellen, ihr Fruchtfleisch war faserig. Zum Auspressen waren sie aber geeignet.

Curaçao

Curaçao wurde in der DDR in Gestattungsproduktion hergestellt, war also nur im Intershop oder in Delikat-Läden zu erhalten.

Datsche

Aus dem russischen Sprachgebrauch für „Datscha“ eingedeutscht eingeführter Begriff für eine Gartenlaube im Schrebergarten, ein Ort ungestörter Wochenendfeiern und der Zusatzversorgung mit Obst und Gemüse.

Delikat

Die ab 1966 eingeführten Delikat-Läden dienten der Deckung des zunehmenden Bedarfs der Bevölkerung

an hochwertigen Nahrungsmitteln und Getränken – die Preise waren allerdings auch „hochwertig“. So erhielten die Delikat-Läden von der Bevölkerung auch bald den Beinamen „WuWuBu“ (= Walter Ulbrichts Wucherbude).

Der „Menüladen“ war Bestandteil von Delikat-Läden, wo man zubereitete Fleisch- und Gemüsespezialitäten, Salate und andere hochwertige Nahrungsmittelzubereitungen bekommen und auch beispielsweise kalte Buffets bestellen konnte – alles zu Delikat-Preisen. Zum Ende der DDR-Zeit gab es an die 2.500 Delikat-Verkaufsstellen – mit diesem Verkaufssystem wurde auch überflüssige Kaufkraft der DDR-Bewohner abgeschöpft. Für hochwertige Textilien u.ä. wurden die Exquisit-Läden eingeführt.

Der Falckner

Whisky des VEB Edelbrände und Spirituosen Luckenwalde, 43%vol. Alkohol zum Abgabepreis von stolzen 27 Mark für die 0,7-Liter-Flasche.

Einzelhandelsverkaufspreis („EVP“)

Staatlich festgesetzter Verkaufspreis, der sich aus Industrieabgabepreis und Handelsspanne zusammensetzte. Le-

bensmittelpreise waren in der ganzen DDR und in allen Verkaufstypen gleich – ein Einkauf in der Kaufhalle beispielsweise bot also keine preislichen Vorteile (wohl gab es hier aber ein breiteres Sortiment).

Engpass
Umschreibung von Versorgungsmängeln im „DDR-Deutsch" (vergleichbar der → Bedarfslücke).

Eselsmilch
Süffiger Rotwein aus Ungarn, war meist unproblematisch erhältlich.

Feuertanz
Beliebter bulgarischer Rotwein.

Gärtnerische Produktionsgenossenschaft („GPG")
Zusammenschluss von Obst- und Gemüseproduzenten zur Belieferung des Binnenmarktes der DDR (Gegenstück zur → Landwirtschaftlichen Produktionsgenossenschaft).

Gaststättenfacharbeiter
Bezeichnung für einen Kellner in der „DDR-Sprache".

Gelber Köstlicher
Die wichtigste Apfelsorte in der DDR.

Genex
DDR-Handelsfirma, bei der DDR-Bürger gegen West-Devisen (deren Besitz eigentlich verboten war) alles kaufen konnten, was ansonsten nicht – oder nur mit langer Wartezeit – erhältlich war. Über diese Handelsfirma konnten genauso gut Westdeutsche (oder andere „Devisenausländer") ihren Verwandten in der DDR Waren zukommen lassen.

Gestattungsproduktion
Lizenz-Auftragsproduktion durch DDR-Betriebe für Westunternehmen, hauptsächlich Unternehmen aus Westdeutschland. So produzierte beispielsweise das Milchkombinat Schwerin für „Bärenmarke" und vertrieb diese Produkte innerhalb der DDR über die Delikat-Läden. In den 80er Jahren kam kaum noch eines der Delikat-Produkte aus dem Westen, sondern wurde in Lizenzproduktion in der DDR selbst hergestellt.

Goldbrand
Liebevoll „Goldi" genannter Weinbrand-Verschnitt des VEB Nordbrand Nordhausen.

Goldkrone
Hochpreisiger, aber dennoch sehr beliebter Weinbrand des VEB Weinbrand Wilthen – der Betrieb stellte zusätzlich „Grand Reserve" ausschließlich für den Absatz über → Delikat-Läden her.

Gotano
DDR-Wermut aus Gotha.

Handelsorganisation („HO")
1948 gegründete, allgegenwärtige Staatliche Handelsorganisation. Die Palette ihrer Geschäfte reichte vom abhängigen Kleinhändler bis zum Centrum-Kaufhaus.

Immergut
Kaffeesahne aus dem VEB Molkerei und Dauermilchwerk Stavenhagen.

Im Nu
Löslicher Malzkaffee aus dem Hause Röstfein. Der Instant-Klassiker wurde vor kurzem wieder in Produktion genommen.

Interhotel
„Luxus"-Hotelkette der DDR mit „Devisen"-Restaurants (der bekannte DDR-Fernsehkoch Kurt Drummer war Chefkoch bei Interhotel).

Intershop
Ladenkette, zunächst für den Verkauf von Luxusartikeln an Devisenausländer gedacht, zunehmend aber von Bürgern der DDR (mit D-Mark von der Verwandtschaft im Westen) zum Kauf heiß begehrter, aber ansonsten nicht erhältlicher Waren genutzt.

Juwel
Klarer Weizenbrand aus Cottbus, einer der vielen klaren Schnäpse, die in DDR-Kornbrennereien produziert wurden.

Kaffee Mix
Seit 1977 produzierter, pulverisierter Kaffee-Verschnitt zum Einsparen von Devisen, vor dem sogar der DDR-Brühautomat kapitulierte und der einfach nicht nach Kaffee schmecken wollte.

Kalenderfrucht
Despektierliche Bezeichnung für die knappen Südfrüchte, die nur vor Feiertagen reichlicher erhältlich waren. Wenn dieser Fall eintrat, zeigte ein Blick auf den Kalender, dass z.B. in vierzehn Tagen Weihnachten war.

Kaufhalle
Warenhaus für den alltäglichen Bedarf.

Kombinat
Zusammenfügung verschiedener Betriebseinheiten (VEBs, VVBs) zu einem Großbetrieb, der in der Regel alle Stufen eines Produktionsprozesse umfasste.

Komet
Eispulver aus dem VEB Dauermilchwerke Stendal.

Konsum
Nach dem zweiten Weltkrieg wieder belebte Handelsgenossenschaft, die von den Nazis abgeschafft worden war und Geschäfte in der ganzen DDR und auch eigene „Konsument"-Produktionsstätten hatte (z.B. für die zuckersüßen Konsument-Waffeln). Mitglieder der Konsumgenossenschaften bekamen beim Einkauf so genannte Konsumkarten (=Rabattmarken). Der Konsum stellte die zweite Verkaufsschiene neben den „HO"-Geschäften in der DDR dar.

Kosta
Der billigere Kaffee aus dem Konsum-Kaffeewerk Röstfein in Magdeburg.

Kristallallee
So wurde die am Montagmorgen mit den Glasscherben der – wegen striktem Alkoholverbot vorwiegend aus dem Fenster entsorgten – Schnapsflaschen übersäte Regimentsstraße auf den Kasernengeländen der → NVA genannt.

Landwirtschaftliche Produktionsgenossenschaft („LPG")
Mit der Anfang der 50-er Jahre begonnenen Kollektivierung der privaten Landwirtschaftsbetriebe setzte die SED-Führung ihre Vorstellungen von sozialistischem Eigentum an den landwirtschaftlichen Produktionsflächen durch. Die so entstandenen Landwirtschaftlichen Produktionsgenossenschaften (LPG) konnten als Großbetriebe die agrarische Produktion in großem Stil betreiben und wurden in der Folgezeit alternativ auf Pflanzen- oder Tierproduktion spezialisiert. Diese Maßnahme hatte aber große betriebswirtschaftliche Nachteile, so dass zum Ende der DDR-Zeit der Zusammenschluss mehrerer LPG's zu Kooperativen Abteilungen Pflanzen- oder Tierproduktion angestrebt wurde. Dieser Prozess wurde durch die Wende abgebrochen.

Leninschweiß
Volkstümlicher Ausdruck für die rote Brauselimonade der DDR.

Melange
Gehobene Röstkaffeemarke (Bohnenkaffee), in ganzen Bohnen angeboten.

Milasan
Kinderfertignahrung der VEB Dauermilchwerke Stendal und Genthin, als Zusatznahrung zur Muttermilch ab dem dritten Lebensmonat vorgesehen.

Milchbeutel
Ab den 70er Jahren wurde Frischmilch zunehmend in Plastikbeuteln verkauft, die leider nicht besonders

stabil waren. Geplatzte Milchbeutel verursachten also viel Ärger. H-Milch wurde weiterhin in der Pappschachtel angeboten – besonders auch bei Campern beliebt, oft aber nur als → Bückware erhältlich.

Mocca-Milch-Eisbar

Milchbars in Ostberlin und anderen Städten der DDR, die sich zum Treffpunkt der Jugendlichen entwickelten.

Mokka Fix Gold

Gemahlener und luftdicht verpackter Kaffee, seit den 70er Jahren im Angebot.

Mona

„Edel"-Röstkaffeemarke der DDR aus dem Kombinat Kaffee & Tee, zuletzt nur noch in → Delikat-Geschäften erhältlich.

Milchpause

Schulpause zur Ausgabe von Trinkmilch an Schüler.

Natascha-Laden

Läden mit russischem Sortiment in der Nähe von sowjetischem Kasernengelände. Hier gab es Süßwaren und Krimsekt, aber auch kunsthandwerkliche Artikel.

Nikolaschka

Als „Nikolaschka" bezeichnet man einen Weinbrand in einer Likörschale mit einer Zitronenscheibe obenauf, die mit Zucker und fein gemahlenem Kaffeepulver bestäubt war.

Nordhäuser Doppelkorn

Der „Klare" aus der DDR, der heute in ganz Deutschland distribuiert wird.

NVA

Nationale Volksarmee – es soll Stimmen geben, die die Nationale Volksarmee der DDR für die trinkfreudigste in der ganzen Welt gehalten haben.

Old Joe Silver

43%vol.-Whisky des VEB Bärensiegel Berlin, in der Großflasche zu 1,9 Liter abgefüllt – als „First Class High Country" bezeichnet.

Oldmaster

Malzwhisky des VEB Edelbrände und Spirituosen Luckenwalde. Die Produktion war für den Export bestimmt.

Picnic-Sauce

„Picnic-Sauce" war die DDR-Bezeichnung für Worcestersauce, die in Restaurants gerne zu Würzfleisch oder Steak gereicht wurde. Die leicht scharfe Würzsauce wurde aus Branntweinessig, Tomatenmark, Likörwein, Tamarindenmus, Sardellenextrakt, Zitronensaft, Zucker, Salz, Sojasauce, Gewürzen, Aromen und Farbstoffen hergestellt und auch gerne für Mixgetränke verwendet. Picnic-Sauce gehörte zu den vielen Bückwaren in der DDR.

Primasprit

Hochprozentiger Alkohol (96%) des VEB Bärensiegel in Berlin, der für selbst gefertigte Schnäpse genutzt wurde. Trotz der Politik der stabilen Preise wurden ab 1.2.1971 die Spirituosenpreise angehoben. So kostete die 0,7 l Flasche Nordhäuser Doppelkorn statt 13,50 Mark jetzt 17,60 Mark und der Liter Primasprit statt 26,50 Mark ganze 34,50 Mark. Gegen Ende der DDR-Zeit verschwand der vielgeliebte Primasprit ganz aus den Regalen der HO und vom Konsum. Dann gab es nur noch → Primus.

Presto

DDR-Pulverkaffee aus dem Konsum-Kaffeewerk „Röstfein".

Primus

Wodka mit immerhin 56%vol. Alkohol – nicht ganz preiswert, wurde gerne auch für selbst gemachte Liköre verwendet. Seit es diesen Wodka ab den 80er Jahren gab, wurde der bis dahin frei verkäufliche und viel billigere reine Alkohol → „Primasprit" aus dem Verkehr gezogen. Sicherlich wollte man so dem weit verbreiteten übermäßigen Alkoholkonsum vorbeugen, aber die verdeckte Preiserhöhung steckte auch als Absicht dahinter.

Promonter Gold

Der beste Dessertwein, der in der DDR erhältlich war. Er wurde aus dem sozialistischen Bruderland Ungarn bezogen.

Quick Cola

Klassische DDR-Cola mit spezieller Kräutermischung, wurde seit Ende der 80er Jahre auch mit Kirschgeschmack als Cherry Cola hergestellt; wird heute von der Fa. Duphorn & Franke Mineralwasserfabrik in Calbe bei Magdeburg hergestellt.

Radeberger

Hoch begehrtes Bier nach Pilsner Brauart (seit 1872), wurde wegen seiner anerkannten Qualität vorwiegend für den Export im VEB Radeberger Exportbierbrauerei Radeberg gebraut – eines der ganz typischen Beispiele für → Bückware in der DDR. Radeberger Bier ist heute (im Gegensatz zu DDR-Zeiten) überall erhältlich.

Rondo

Kaffeemarke des Konsum-Kaffeewerks Röstfein in Magdeburg, auch als Malzkaffee erhältlich. Meistverkaufte Kaffeemarke der DDR. Dieser Kaffeeklassiker wird noch heute nach Original DDR-Rezept in einem speziellen Verfahren geröstet.

Rotkäppchen

Sekt der VEB Rotkäppchen Sektkellerei Freyburg an der Unstrut. Der süße Sekt entsprach ganz dem damaligen Geschmack in der DDR – eine Marke, die die Wende erfolgreich überstanden hat.

Stichpimpulibockforcelorum

Halbbitterer Kräuterlikör von der Fa. Petzold in Zerbst, zuletzt vom VEB Abtshof Magdeburg. Wegen bestehender Markenrechte heute einzig von der Klosterbrennerei zu Kloster Walkenried in Königslutter produziert.

Timm's Saurer

Der saure Likör aus Wodka und Zitrone aus dem VEB Schilkin Berlin-Kaulsdorf war der Verkaufsrenner der 70er Jahre. Das Produkt kann man noch heute kaufen.

Vipa

Weit verbreitete weinhaltige Limonade der DDR. Vipa hatte einen Anteil von 4%vol. Wein, war also ein alkoholschwaches Getränk, so schwach, dass es sogar bei Schulfesten angeboten wurde.

Vita Cola

Koffeinhaltiges Erfrischungsgetränk mit einem Spritzer Zitrone und nicht so süß wie andere Colagetränke der DDR – eines der ostdeutschen Kult-Produkte, noch heute erhältlich.

VEB

Volkseigener Betrieb – so firmierten die Betriebe in der DDR bis in die 70er Jahre. Danach wurden die VEBs überwiegend Bestandteile von Kombinaten.

VVB

Vereinigter Volkseigener Betrieb, Vorläufer des Kombinats (wie z.B. VVB Hochseefischerei).

Warenhaus

Kaufhaus der Staatlichen Handelsorganisation der DDR (HO), in den Bezirkshauptstädten auch als Centrum-Warenhaus bezeichnet, mit Vollsortiment einschließlich Lebensmitteln und Getränken.

Weißer Traum

Legendäres hochprozentiges Milchmixgetränk aus der Milchbar in Wismar, das bei den DDR-Seeleuten besonders beliebt war.

Wernesgrüner

Exportbier des VEB Exportbierbrauerei Wernesgrün im Vogtland, genauso wie Radeberger ein Produkt der gehobenen Gastronomie und im Handel meist nur als → Bückware erhältlich.

Rezept-verzeichnis

DDR-Rezeptverzeichnis

Apfel
SAFT
zugelassen
zum Hand
SUSSM
ERSDORF
Selterswasser
KÜNSTLICHES MINERALWASSER
Sachsen-Bräu LEIPZIG
Waren-Nr. 68 61 30 00 · TGL 6801
EVP -,12
SELTERS-WASSER
EVP -,12 MDN
BRAUEREI·EGMBH·DRESDEN
LIMONADE
MIT FRUCHTGESCHMACK, GEFÄRBT
Betriebsteil 1
Betriebsteil 2
HANSA-GETRÄNKE STENDAL
HSL 19 61 600
0,5 l EVP -,32 M
0,33 l EVP -,21 M
FRUCHTSAFTLIMONADE MIT KOHLEN
Greifen
Zitrona
naturtrüb
200 ml ± 8 ml
2,50 M
aus Zitronenkonzentraten
KOFFEINHALTIGES KOLAGETRÄNK
club
cola
0,5 l 0,65 M
VEB Getränkeproduktion
im Getränkekombinat
KARENA
Zuckerreduziertes Fruchtsaftgetränk
mit Grapefruitgeschmack · naturtrüb
dioxid und Süßungsmitteln
VALENCIA
Mit CO₂
HSL 1961 100
TGL 6801/2
Fruchtsaftgetränk
ORANGE
FRUCHTSAFTGETRÄNK
naturtrüb
mit Kohlensäure
TGL 6801
EVP
0,33 l M 0,35
VEB BRAUEREI NEUSTADT/ORLA
Selters-Wasser
EVP M 0,12
EL 178 62 40 0
TGL 6801
ALKOHOLFREIE GETRÄNKE
W. VERGELS OHG
BERLIN-BIESDORF
Eberl-Bräu
alkoholfreies
ohne Zusatz
vom
Eberl-Bräu
Haupt-Depot
Dresden
Bönischplatz 11
Fernsprecher 3257
Kühl u. liegend
BITTER
Lemon
mit Kohlensäure
10 kg Zucker/hl
FRUCHTSAFTGETRÄNK
aus Zitrussäften
naturtrüb
0,33 l EVP 0,35 M
0,25 l EVP 0,28 M
Roland-Bräu Gecius & König KG, Nordhausen
begrenzt haltbar
Fruchtsaftgetränk
AUS ORANGENSAFT
naturtrüb
TGL 6801/02
HSL 1961 312
Konsum Getränkeproduktion
Nauen
0,33 l 0,35
SELTERSWASS